以史为鉴，可以知兴替

以人为鉴，可以明得失

中小学国学普及经典读本

林汉达长孙林力平审订

林汉达

历史名人故事

春秋战国卷2

林汉达 著 寒花 绘

辽宁美术出版社

图书在版编目（CIP）数据

林汉达历史名人故事.春秋战国卷.2 / 林汉达著；寒花绘.— 沈阳：辽宁美术出版社，2019.3

ISBN 978-7-5314-7890-4

Ⅰ.①林… Ⅱ.①林…②寒… Ⅲ.①中国历史—春秋战国时代—少儿读物 Ⅳ.① K209

中国版本图书馆 CIP 数据核字（2018）第 038661 号

出 版 者：辽宁美术出版社
地　　　址：沈阳市和平区民族北街29号　邮编：110001
发 行 者：辽宁美术出版社
印 刷 者：沈阳晟邦印刷包装有限公司
开　　　本：880mm × 1230mm　1/32
印　　　张：5.5
字　　　数：100千字
出版时间：2019年3月第1版
印刷时间：2019年3月第1次印刷
责任编辑：孙郡阳
装帧设计：苏　丹
责任校对：郝　刚
ISBN 978-7-5314-7890-4
定　　　价：26.00元

邮购部电话：024-83833008
E-mail：lnmscbs@163.com
http：//www.lnmscbs.cn
图书如有印装质量问题请与出版部联系调换
出版部电话：024-23835227

阅读指南

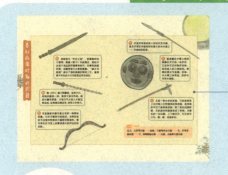

古代兵器 春秋战国时期各诸侯国相互征伐，他们打仗时都用些什么武器呢？在这里让你一目了然！

一家一口
（打一字）

机智历史题 这篇故事有趣吗？运用你的智慧，迎接一次挑战吧！

猜字谜 哇！每篇故事中都隐藏一个文字谜语。想知道答案？去故事里寻找吧！

汉字演变 和历史一起诞生的还有灿烂的汉字文化。来这里看看它们"小时候"的样子吧！

谜语答案 当当当！谜语的答案在每个故事的最后揭晓哦，快去考考小伙伴，答案保准让他们大吃一惊。

小小文曲星 这里说的事情，恐怕连爸爸妈妈都不了解，读完大可"炫耀"一番哟！

豪
（猜谜答案）

历史名片夹 你知道每个故事的主人公是谁吗？在历史中他们还有什么趣事？集齐人物卡，变身历史小神通。

成语诞生 流传千年的成语，大都产生在历史故事中。我们的故事里诞生了哪些成语呢？

历史题答案 看这里！把书倒过来，机智历史题的答案就揭晓了。

剑 剑被称为"百兵之祖",轻便锋利易于携带。根据《管子》中的描述,剑似乎出现于遥远的轩辕黄帝时代。春秋战国时期,剑最常被王公贵族佩戴。春秋时期的"越王勾践剑"展示了那时高超的铸剑工艺,直到两千年后的今天仍能发出夺目剑光。

锏 锏(jiǎn)属于铁鞭类,没有刀刃,是短兵器的一种,常用于骑马作战。锏的分量非常重,只有力气大的人才能运用自如,且常常双锏合用,杀伤力非常大。

弓 弓是抛射兵器中最古老的一种弹射武器。它由弓臂和弓弦组成,当把拉弦张弓过程中积聚的力量瞬间释放时,便可将扣在弓弦上的箭或弹丸射向远处的目标。

矛 矛是用来刺杀敌人的进攻性兵器，是古代军队中使用时间最长的冷兵器之一。矛是枪的前身。

盾 盾是戴在手臂上或用柄握在手中的一块护甲，打仗时可及时防护身体，挡住敌人的刀剑进攻。盾牌材质分为金属、皮革、木头等三种类型，防护水平依次减弱。

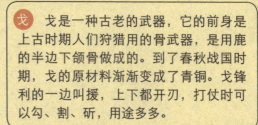

戈 戈是一种古老的武器，它的前身是上古时期人们狩猎用的骨武器，是用鹿的半边下颌骨做成的。到了春秋战国时期，戈的原材料渐渐变成了青铜。戈锋利的一边叫援，上下都开刃，打仗时可以勾、割、斫，用途多多。

兵器 的演变

（原始社会早期）石刀、石斧等石器 ──→（原始社会晚期）标枪、弓箭等竹木兵器 ──→（夏商周）戈、矛等青铜兵器 ──→（春秋战国）刀、剑等铁制兵器 ──→（宋元）火铳、火炮等火器兵器

编者按

　　见到林力平先生时，已是北京的深秋。瑟瑟秋风，初凉乍冷。寒暄须臾，林先生捧上了一杯清茶，茶香氤氲里，我们听林先生聊起了他童年的往事：爷爷林汉达如何在孙子上初小时，教他用拼音来填写一篇篇的历史故事文稿；当他读高小时，又如何循循善诱地启发他们表兄弟二人写作文。在那风云变幻的岁月里，爷爷如何在宁夏乡村，与周有光先生一并躺在摞得高高的谷堆上，富于前瞻性地探讨普及汉语拼音的方法，以及如何尽快地推动汉语通俗化在祖国的发展；老人家在生命的尽头，又如何为刚刚完成的大量译文校稿，画上最后一个句号。

席间，我们都真切地感受到，在那个现代汉语还未普及、识字者尚且不多的年代里，林汉达先生通俗历史故事的字里行间，蕴藏着多少对祖国未来深切的期待。

林汉达先生的《东周列国故事新编》《前后汉故事》《三国故事》《上下五千年》等作品以讲故事的方式呈现严谨的史实，是难得的历史启蒙读物。当我们提出以全新的视角重新编排这些故事的时候，林力平先生给予了极大的支持。我们怀着同样至诚的心愿，希望优秀的历史读本以更多元的面貌，伴随着一代代孩子的成长，开启青少年朋友们了解数千年中国历史的门窗。

书籍的编辑是一项以理性为主导的工作，尤其是面对体量庞大的书稿时，更需严谨客观地对待，然而书籍的策划往往又起源于感性。这份热切的愿望，恰好适用于《林汉达历史名人故事》的整合。这套书的编辑团队，囊括了六〇后到九〇后，每个不同年龄段的人提起林汉达，都有一段长长的童年故事可讲。因为热爱，所以竭尽所能维护原稿之风骨；因为当初是读者，所以心中常有火花，力求留给读者难以忘怀的阅读体验。

为此，我们做了以下工作：

第一，以历史人物为线索，重新编排文本。研究发现，儿童在阅读历史故事的过程中，会不自觉地以人物为核心来理解并记忆内容。本套书以人物在历史上的影响力及其故事的趣味性为基本选择标准，运用了一些蒙太奇的时空叙事方法，将同一个人物在不同时间发生的故事整合重组，力求展现人物一生中最精彩的片段。在个别人物故事中，为解决叙事的连续性，编者添加了概括性的小标题，以方便阅读和理解。

第二，为保证人物故事的完整性，本套书选择林汉达历史故事全本为蓝本。除枝去蔓，将与主题关系较浅的支线故事隐去，突出了主线与行文的精练。由于原稿成书时间较早，编校过程中，对现已不常用的表述方式及口语做出了一些必要的调整。

第三，增添附加值，加强文本互动性。顺应孩子爱玩儿的天性，我们在书中增设了"猜字谜""小小文曲星"等有趣的环节，让学与玩儿实时结合。每个小故事后还设有"机智历史题""汉字演变""历史名片夹"，从不同角度对故事进行解读和补充，拓展思维，寓教于乐。书后附有"阅读竞技场"，通过趣味题目巩固所读内容，在游戏中加深阅读印象。

本套书由林汉达长孙林力平先生审订，从策划到出版历时三年。在此期间，林力平先生反复斟酌，并与业内专家商榷，提出了一些宝贵意见和建议，对本书的顺利出版给予了大力的帮助，在此表示衷心的感谢！

希望我们的努力，能让更多的孩子爱上经典，爱上历史。让文化归属感在童年时代便扎下根脉，脚下是征程，心中留光明。

编　者

目录

死也不受赏的奇人
介子推

　　晋文公重耳逃难那会儿，有很多跟着他不离不弃的人。其中有一个叫介子推的，他在重耳饿得受不了时，把大腿上的肉割下来，与采摘到的野菜一同煮成肉汤给重耳吃。重耳非常感动，说有朝一日一定要报答介子推。

　　重耳做了国君后，决定大赏功臣，尤其是当初跟他一块儿逃过难的那一批人。他叫每个人说出自己的功劳，然后论功行赏。大伙儿这就活跃起来了，只有介子推不提自己的功劳，国君的赏赐也就没有他的份儿。

　　介子推回到家里对他母亲说："献公有九个

儿子，现在只剩一个公子重耳。只要晋国还需要一个国君，轮也轮到公子重耳了。这是形势造成的，那些人却自以为是他们的功劳，多么狂妄啊！"于是他就带着母亲隐居去了。倒是介子推手底下的人打抱不平，在宫门上贴了一张无名帖。晋文公一瞧，上头写的是：

> 有一条龙，奔西逃东；
> 好几条蛇，帮它成功。
> 龙飞上天，蛇钻进洞；
> 剩下一条，流落山中。

晋文公很害臊地对大伙儿说："哎呀！我可把介子推忘了。"于是他就亲自到介子推的本乡绵山去找他。有个老乡说："前几天我们瞧见他背着老太太到山上去了，大概还在山上呢。"可是，晋文公派人找来找去，也没有介子推的影儿。有人出个主意，说："要是让整个绵山着起火来，他一定会跑出来的。"

晋文公受不了那张连挖苦带损的无名帖，觉得放火烧山的办法也不妨试一试。就这样，晋文公还真就放起火来了，一会儿工夫绵山就变成了火焰山。烧了三天三夜，逮了不少野兽，可就没见介子推出来。

火灭了，再去找，后来终于被他们找着了。在一棵烧坏了的大树底下，介子推跟他母亲互相抱着，只剩下了灰乎乎的一堆。晋文公一瞧，就哭起来了。大家伙儿也都很难受。

"寒食节"怎么过？

"寒食节"曾经是中国民间的第一大祭日，距今已有两千多年的历史，比清明节出现得还要早。"寒食节"定在每年冬至日后的第一百零五天，又叫"一百五"。在这一天，大家要禁火，把储藏了一个冬天的火种熄灭，在清明节时重新取火种。除此之外的风俗还有吃寒食、祭拜祖先、插柳枝、玩蹴鞠、荡秋千、踏青等。"寒食节"是为了纪念介子推，也是为了传承他有功不言禄、忠君爱国的精神。

据说那天正赶上阴历三月初三，介子推宁愿被火烧死也不贪图功劳，当地的老百姓觉得他又可怜又可敬，以后都没心思在那天生火，大家伙儿全吃凉菜凉饭。有人说这就是"寒食节"的来历。

"寒食节"是为了纪念哪位历史名人？
(　　)
A. 介子推
B. 介子拉
C. 屈原
D. 晋文公

火　汉字演变

甲骨文　　金文　　小篆　　隶书

历史名片夹

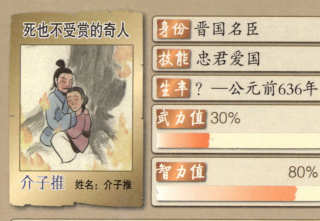

死也不受赏的奇人

介子推
姓名：介子推

身份	晋国名臣
技能	忠君爱国
生卒	？—公元前636年

武力值 30%

智力值 80%

　　晋文公还是公子重耳的时候，被兄弟追杀，在各国间流亡。有一年，他和手下们经过卫国，行李全被随从偷走了，钱财和干粮一点儿没剩下。重耳饿得受不了，去向当地的农民乞讨。那农民非但没给他一口饭吃，还拿土疙瘩戏弄了他一番。眼看着重耳要饿昏过去了，介子推偷偷拿刀子割了自己大腿上的肉，摘了些野菜一起煮给重耳吃。介子推割股奉君和宁死不慕功名的做法并不是因为他迂腐倔强，而是因为他由衷地认为，明君能使国家昌盛，为了国家他愿意为明君奉献一切。这种爱国精神和富贵不能淫的文人气节值得后人学习。

机智历史题 **答案** A

因为一碗汤丢了命的国君
郑灵公

　　有一天，郑国的大夫公子宋和公子归生一块儿去上朝。公子宋的食指忽然跳动起来。他伸着手给归生瞧，归生瞧了瞧，说："怎么啦？你这个指头哆里哆嗦的，是不是抽筋了？"公子宋打着哈哈说："这个手指头一跳，就有好东西吃了。"归生听了，笑了笑，也就算了。他们到了大厅瞧见一只大甲鱼拴在那儿，问了问当差的，才知道是国君预备给大臣们吃的，两个人不由得全笑了。

　　可巧郑灵公出来，瞧见他们两人笑得前仰后合的，就问他们："你们俩怎么那么痛快？"归

007

生指着公子宋，回答说："刚才他的手指头直跳，说要有美味到嘴，我还不信。现在瞧见了这只大甲鱼，又听说是主公赏给臣下吃的。他的手指头可真灵，所以笑了起来。"郑灵公撇了撇嘴，故意开玩笑说："手指头灵不灵还不一定呢！"

到了下午，郑灵公特意叫大臣们进去，按次序坐下，郑灵公开口说："有人在江汉一带逮了个大甲鱼来，献给我。这是挺难得吃到的东西，请大家伙儿尝尝味道。"大臣们咽了口唾沫，谢过国君。没多大一会儿，厨子端上甲鱼羹来，先给郑灵公一碗，郑灵公吃了一口，说："嗬，真不错！"回头对厨子说："每位一碗，从下位送起。"厨子一碗一碗地端上来，端到最后两个最高的座位，厨子禀告说："只剩下一碗了，端给哪一位？"郑灵公说："给归生吧！"

这么一来，大臣们全吃着了，单单短了公子宋的一份儿。郑灵公哈哈大笑，说："我原来说每人一碗，没想到轮到你这儿，可巧没有了，这也是命该如此。可见你的手指头并不灵！"

　　公子宋已经在归生跟前说了满话，现在大家伙儿全分到了，偏偏没有他的份儿，叫他在众人面前怎么受得了。他跳了起来，跑到国君跟前，把手指头戳到郑灵公的鼎里，蘸了一蘸，一边放

食指为什么叫"食"指？

食指是我们手上的第二根指头，它的命名和食物密切相关。古时候，人们喜欢先用手指来蘸取汤汁等食物，吸吮一下尝尝味道或者感受一下温度。因为食指比较灵活，所以就由它承担起这项任务。公子宋的食指更为神奇，据说，公子宋每次一饱口福之前，食指都会跳动，吃天鹅肉、石斑鱼、合欢橘之前无一例外。"食指大动"的成语也由此而来。不过，公子宋用食指"沾染"了郑灵公鼎中的食物，先秦时期，鼎是权力的象征，任何人都不能随便擅取鼎中之物。所以，公子宋的胡闹行为被郑灵公认为是对他统治地位的挑战。

在嘴里一咂，一边也来个哈哈笑，说："我也尝到了，我的手指头到底是灵的。"说着就跑了。

郑灵公气得呼呼响，骂着说："简直不像话！敢欺负我？哼！你瞧着吧！"归生和别的大臣全跪下来，说："他跟主公向来挺热乎，这回是太没有规矩了，可是他绝不是成心失礼。请主公看在平日的情分上，原谅他吧！"郑灵公听了，只好恨在心里。大伙儿不欢而散。

归生出了朝堂，心里很痛快。他和郑灵公的兄弟公子去疾向来关系挺好，有心要废去郑灵公，立公子去疾为国君。但是，一来他没有这个胆量，二来公子宋和郑灵公挺亲密，归生不敢下手。今天一瞧公子宋和郑灵公闹翻了，他就打算借着公子宋的手去掐郑灵公的脖子。他又怕郑灵公和公子宋都有些小孩子脾气，今天吵、明天好，雷声大、雨点小，他就想把双方的火儿煽得旺些。他跑到公子宋的家里，把郑灵公犯脾气的事告诉了他，还加上一句，说："主公一定要处置您，我真替您难受。"果然公子宋骂着说："昏君自己失礼，还想处置我？"归生一瞧阴风起来了，他故意劝着说："话虽如此，他毕竟是国君，您多少得忍着点，明天去给他赔个礼吧。"公子宋哪能听这一套呀。

第二天归生拉着公子宋去见郑灵公。郑灵公坐在那儿不言语，公子宋站在那儿来个"死鱼不张嘴儿"。归生直向公子宋做手势，公子宋只当没瞧见。归生只好替他向郑灵公说："公子宋失礼，特意向主公赔礼来了。请主公饶了他吧！"说着又向郑灵公挤挤眼，努努嘴。郑灵公一看公子宋的样儿，就绷着脸，说："哼！他怕得罪我吗？是我得罪了他吧！"一甩袖子进去了。

公子宋出来对归生说："他恨透了我了，也许还要杀我呢！俗语说得好，'先下手为强'，还不如咱们先下手吧！"归生心里点着头，可不愿意把他自己搅在里头，就替自己撇清，说："自个儿养的鸡、养的狗，还舍不得杀呢，别说是国君了！这可万万使不得。"公子宋也是个机灵鬼，他立刻见风转舵，笑着说："您别当真，我是说着玩儿呢！"归生一听他这么说，心里倒凉了半截，脸上的神气显得挺特别，脸上不得劲儿，可把心事露出来了。

第二天公子宋索性真不真、假不假地和别人瞎聊，说归生和公子去疾怎么怎么的。归生一听，可吓坏了，私底下对公子宋说："您没有事胡说八道什么？您要我命是怎么着？"公子宋说："您不向着我，就是成心叫我死。您既然叫我死，干脆我就叫您的命也搭在里头。"归生说："您要怎么样？"公子宋睁圆了眼睛，恨恨地说："他是个昏君，从分甲鱼羹这件事就能瞧出来了。您管理国家大事，就该出个主意。要我说，咱们请公子去疾做国君，去归附晋国，郑国也可以太平几年。"归生急得哆嗦着嘴唇，说："您、您、您瞧着办吧！我、我、我不说出去就是了。"

公子宋只要归生点点头，就不怕了，他没费多大的手脚就把郑灵公杀了。他们请公子去疾即位，公子去疾说什么也不干。他推辞说："我们有十几个兄弟。拿岁数来说，公子坚比我大。拿品德来说，我更不行。无论如何，我决不要这个君位。"归生和公子宋就立公子坚为国君，就是郑襄公。

过了三年，楚庄王拿郑国臣子杀了自己国君

这件事来做幌子，攻打郑国。郑国人这才杀了公子宋，又在刚死不久的归生棺材上砍了几刀，算是办了他们谋害国君的罪。

机智历史题

谁给郑灵公报了仇?（　　　）

A. 楚庄王

B. 秦穆公

C. 郑襄公

D. 没有人

汉字演变 龟

甲骨文　　金文　　小篆　　隶书

014

历史名片夹

因为一碗汤丢了命的国君

郑灵公　姓名：姬夷

身份	郑国第十二任君王
技能	恶作剧
在位	？—公元前605年
武力值	30%
智力值	25%

　　郑灵公是郑穆公的儿子，他的妹妹夏姬是春秋时有名的美女。郑灵公在位不足一年就因为跟大臣开了个玩笑而被杀死。春秋时期，不同等级的贵族吃饭所用的容器不同，鼎是周天子和诸侯才能用的器皿，公子宋用手指从郑灵公的鼎里蘸汤吃，这是对王权的一种挑战。"染指于鼎"这个成语就来自这个故事，"染指"后来指插手与自己无关的事情，分取不属于自己的利益。

喜欢细腰的国君

楚灵王

　　楚国的楚康王死后，他儿子熊麇（jūn）即位为楚王，楚康王的兄弟公子围当了令尹，兼管军事。

　　有一回，楚王熊麇生病了，令尹公子围假意去看望，趁机拿带子勒死了熊麇，自己当了楚王，就是楚灵王。楚灵王不愿意和晋国并驾齐驱，他要独自当诸侯的领袖。

　　要当诸侯领袖总得干点儿事，楚灵王就对大臣伍举说："早些年齐桓公会合诸侯来打楚国，当了霸主。如今我当上了霸主，应当先去打哪一国呢？"伍举说："齐国的崔杼（zhù）跟庆封杀了他们的国君，崔杼已经死了，庆封还在吴国躲着。吴国不但没把他治罪，反倒给他封了一块地，这分明是在鼓励乱臣贼子。咱们不如拿惩办庆封的名目率领诸侯去攻打吴国吧！"楚灵王觉着有道理，就叫大夫屈申率领着几个诸侯国的兵马去征伐吴国，很快就把庆封抓了回来，当着列国诸侯的面杀了。

楚灵王又想，光打仗没意思，楚国非得干点儿大工程才显得比别的诸侯国强。他决定盖一座顶大的王宫，叫章华宫。这座宫殿大得好像一座城，中间砌了一个高台，叫章华台，又叫三休台。意思是说，这么高的台，从第一层走到最顶层，得休息三回。三休台的旁边，又盖了好些房子、亭子，种上花草树木。这个宏大精美的王宫完工之后，楚灵王打发使臣上各国去报信，请他们来参加新宫落成典礼。

章华宫又有个名字，叫细腰宫。为什么叫细腰宫呢？原来楚灵王以为人的美全在腰身。在他看来，腰越细，越好看。他挑选了一批腰身顶细的美人儿住在这座宫里，因此，这座宫又叫细腰宫。宫里的美人儿为了讨楚灵王的喜欢，恨不能把腰勒得像马蜂似的。大家伙儿除了勒腰之外，还得挨饿，这样才能保持好身材。这种风气就好像传染病似的传出去，不光太太、小姐们喜爱蜂腰，连朝廷中的大臣们也都用带子把腰身勒细了，才去上朝。楚灵王见了，高兴得不得了。

楚灵王的章华宫居然叫晋平公眼红了。他对

小小文曲星

为什么章华台被称为"天下第一台"？

据史料记载，章华台的建成可谓是"举国营之，数年乃成"。台高有十丈，占地十五丈，被誉为当时的"天下第一台"。章华台的存在喻示着楚灵王的骄奢淫逸，暗示着楚国国运的式微。唐代诗人李商隐有诗云："梦泽悲风动白茅，楚王葬尽满城娇。未知歌舞能多少，虚减宫厨为细腰。""秦楼楚馆"一词中的"楚馆"原本指的就是楚灵王的章华台。

大臣们说："蛮族楚国拿富丽堂皇的宫殿来号召诸侯，难道我堂堂晋国反倒落在蛮族后头吗？"大夫里头有人反对，说："霸主应该拿德行来号召诸侯，不应该拿宫殿去向各国夸耀。别人大兴土木，劳民伤财，正是他不对的地方，咱们怎么还去学呢？"这种不对胃口的话，晋平公哪儿听得进去。他还是大兴土木，盖起宫殿来，还要比细腰宫盖得更好看更精致，那才显得晋国比楚国强。

晋平公盖宫殿，劳民伤财，老百姓难免议论纷纷，怨天怨地。

有一天，天还不怎么亮的时候，有几个老百姓坐在石头上抱怨朝廷，可巧有一个官员打这儿经过，他们赶紧躲在石头后面，一声不言语，等那个官员过去再说。那个官员只听见说话的声音，没瞧见说话的人，以为石头说了话。晋平公听说了这事儿，纳闷起来，问那时候顶有名的音乐家师旷："石头能说话吗？"师旷有心要规劝国君，就说："主公大兴土木，劳民伤财，弄得人民叫苦连天。可是他们又不敢随便说话，这股怨气没法发泄，全附在石头上，石头就说起话来了。"晋平公这才知道自己失了民心。

以下哪座建筑不是楚灵王建造的？（　　　）

A. 未央宫

B. 章华台

C. 细腰宫

D. 三休台

宫　汉字演变

甲骨文　　金文　　小篆　　隶书

历史名片夹

喜欢细腰的国君

楚灵王　　姓名：熊虔

身份	楚国君王
技能	建宫殿
生卒	？—公元前529年

武力值　　68%

智力值 30%

　　熊虔原来叫熊围，是楚共王的二儿子。楚共王死后，把王位传给了大儿子楚康王。后来，楚康王的儿子即位了。没想到，熊虔趁着他生病，生生勒死了自己的侄子，成了楚灵王。楚灵王即位以后，一边花天酒地，骄奢淫逸，一边南征北战，暴虐成性。有一年冬天，他带兵征伐徐国。天降大雪，士兵们站在雪地里，穿着冰冷的铠甲，瑟瑟发抖。楚灵王呢，裹着一身厚实保暖的裘袍，站在军帐前感叹："好雪！好雪！"将士们的心都凉透了。不久，这个昏庸的君主就众叛亲离，被自己的兄弟赶下了台。

机智历史题 答案　　　　　Ａ

一夜愁白了头的大臣

伍子胥

　　楚国的楚平王荒淫无道，他的朝廷里有个顶会拍马的人叫费无极，很得楚平王喜欢。可是太子建不喜欢这种人，常常在他父亲跟前数落费无极。两个人就这么成了冤家对头。

　　费无极满脑子坏主意。他看太子建的新娘子孟嬴长得好看，就想办法把她调包给了楚平王，还挑拨楚平王把太子建调去守边疆。楚平王偷偷地娶了太子建的媳妇，心里挺得意，为了保守秘密，就把太子建派去守城父，又叫伍奢和奋扬去帮助他。他们一走，楚平王就立孟嬴为夫人，把原来的夫人，就是太子建的母亲蔡姬送回了蔡国。

转过年来，孟赢生了个儿子，就是公子珍。楚平王想立这个小儿子为太子。这么一来，太子建的命就难保了。费无极是楚平王肚子里的蛔虫，楚平王的心思他哪儿有不知道的道理。他耸了耸肩膀，对楚平王说："听说太子跟伍奢在城父操练兵马，暗中结交齐国跟晋国。他们这么下去，不光对公子珍不利，怕的是连大王也会有麻烦！"楚平王说："办法总是有的。我先把太子废了，好不好？"费无极说："太子有的是兵马，还有他师父伍奢帮着他。大王要是把他废了，他准得发兵打来。我想不如先把伍奢叫来，再打发人去弄死太子，这是顶省事的了。"楚平王依了费无极的话，叫伍奢回来。

　　伍奢见了楚平王还没等开口，楚平王就问他："太子建打算造反，你知道吗？"伍奢一听这话，气不打一处来，说："大王夺了他的媳妇儿，已经不对了。怎么又听了小人的坏话，胡猜疑起来了呢？"费无极撅起了尖下巴，插嘴说："伍奢骂大王娶了儿媳妇，这不明摆着跟太子一条藤吗？要是大王不把他杀了，他们准得来谋害大王。"伍奢正想开口骂费无极，就被武士们推到监狱里去了。

楚平王说："叫谁去处治太子呢？"费无极说："奋扬还在城父，这件事就交给他办吧。"楚平王打发人去嘱咐奋扬，说："你杀了太子就有重赏。要是你走漏消息，把他放了，就是死罪！"接着又叫押在监狱里的伍奢亲笔写信给他的俩儿子伍尚和伍子胥。伍奢没法儿，只好照着费无极的意思写："我得罪了大王，被押在监狱里。现在大王看在咱们上辈祖宗过去的功劳上，准备免我一死。你们弟兄俩见了这封信，赶紧回来给大王谢恩。要不然，大王也许又要治我的罪。"

楚平王办了这两件事，天天等着消息。待了几天，只见奋扬坐着囚车来见楚平王，对他说："太子建和公子胜（太子建的儿子）已经跑到别国去了。"楚平王一听，当时就火儿了。他说："我挺严密地叫你去杀他，谁把他们放了？"奋扬说："当然是我喽!"楚平王火儿更大了,说:"你知不知道放走他,你就是死罪?"奋扬说:"要不,我也不坐囚车回来了。当初大王嘱咐我好好伺候太子。我为了要好好伺候太子,才把他放了!再说,太子并没有造反的行为,连造反的意思都没有。大王哪儿能把他杀了呢!现在我救了大王的儿子,又救了大王的孙子,我就是死了,也甘心。"楚平王听了这话,说:"算了吧!难为你这份儿忠心,回去好好把守城父去吧!"

那个替伍奢送信的人带着伍尚回来了。费无极把伍尚和伍奢关在一起。伍奢瞧见伍尚一个人回来,心里头又是高兴又是难受。他说:"我知道伍子胥是不会回来的。可是打这儿起楚国就不能有太平的日子了。"伍尚说:"我们早就料到那封信是大王逼着父亲写的,可是我情愿跟着父亲一块儿死。兄弟说,他要留着这条命给咱们报仇。他已经跑了。"没过两天,这爷俩儿就被楚平王砍了脑袋。

费无极对楚平王说："伍子胥这小子跑了，但一时跑不了多远。咱们应当赶紧派人追下去。"楚平王一面打发人去追伍子胥，一面又出了一道命令，说："拿住伍子胥的，赏粮食五万石（dàn），封他为大夫。要是收留他的，全家都有死罪。"楚平王叫画像的人画了伍子胥的像，挂在各关口，嘱咐各地方的官员仔细盘问来往行人。这么画影图形、捉拿逃犯，伍子胥就是长了翅膀，也飞不了啦。

伍子胥从楚国跑出来，听说太子建已经逃到宋国，他就往宋国去。半路上，只见前头来了一

中国历史上最早的通缉令

楚平王为了捉拿伍子胥而画的画像就是中国历史上最早的通缉令。这种捉拿逃犯的方法被称为"画影图形"。这种方法在后世也一直被使用，《西游记》里的唐僧——玄奘在现实中就曾被唐朝政府通缉。因为，唐朝是不允许私自出关的，而玄奘私自去印度取经，肯定会被通缉啦！

队车马，吓得他连忙躲在树林子里，偷偷地瞧着。等到一辆大车过来，细细一瞧，原来是他的好朋友申包胥。伍子胥这么躲躲闪闪地又要藏起来又不藏起来，已经被申包胥瞧见了，就问他："你怎么跑到这儿来了？"伍子胥还没开口，眼泪就像下雨似的掉下来了，急得申包胥直发愣。伍子胥擦着眼泪，把一家子遭难的经过哭着说了一遍。末了，他说："杀父之仇，不共戴天。我要上别国去借兵征伐楚国，活活地咬昏君的肉，剥奸臣的皮，才能够解恨！"申包胥劝他，说："君王虽然无道，毕竟是君王，你们一家子辈辈忠良，何必跟他结仇呢！我劝你还是忍着点儿吧。"伍子胥说："桀王和纣王不是也被臣下杀了吗？不论哪朝哪代的圣人、贤人，谁不称赞杀了他们的成汤和武王？君王无道，谁都可以杀。再说我还有父兄的大仇呢！"申包胥反对说："汤武起义，杀了桀纣，是为众人除害，并非为了私仇！这点，你得分别清楚。再说，你的仇人只是楚王和费无极，楚国人可并没得罪你！你怎么要灭父母之邦呢？"

申包胥的话说得挺有道理，可是怎么说伍子胥也听不进去，一心要替父兄报仇。他挺坚决地说："我可管不了这些个，我非把楚国灭了不可！"申包胥自以为有理地说："我要是劝你去报仇，那我就是不忠；不让你去报仇，又害得你不孝。为了保全咱们朋友的义气，我不把你的事向人泄露就是了。不过你如果真灭了楚国，我一定要尽我的力量把它恢复过来。"两个朋友就这么分手了。

伍子胥到了宋国，见着了太子建，两人抱头大哭，各人说了各人的冤屈。这时候，可巧宋国起了内乱，乱党向楚国借兵。伍子胥得到了这个信儿，对太子建说："咱们可不能再在这儿待着了。"于是他们就偷偷地去了郑国，郑定公收留了两人。太子建和伍子胥每回见了郑定公，总是哭着说他们的冤屈。郑定公说："郑是个小国，虽说我同情你们，可是，心有余而力不足啊！我看你们还是跟晋侯商量商量去吧！"

太子建觉得郑伯说的倒是实话，就把伍子胥留在郑国，自己上晋国去见晋顷公。晋顷公款待太子建，叫他住在公馆里，接着召集大臣们商量办法。荀寅出了个主意，说："郑国反复无常，一会儿归附楚国，回头又归附晋国，咱们不如把它灭了。现在郑国收留着楚太子，郑伯准得信任他。咱们背地里跟楚太子约好，叫他去收买勇士，在郑国作为内应，咱们从外头打进去，就能够把郑国灭了。然后把郑国封给楚太子，再跟他一块儿去灭楚国。这是以敌攻敌的高招儿。"晋顷公和大臣们全都赞成荀寅的计策，当时就把这个意思告诉了太子建。太子建满口答应，高高兴兴地回去了。

太子建见了伍子胥，把晋国的计策说了一遍。伍子胥反对说："这哪儿成啊！人家好心好意地收留咱们，咱们怎么能忘恩负义地去害人家？请别胡思乱想了。"太子建急着得到君位，哪儿肯听伍子胥的话。当时就糊里糊涂地敷衍了几句，背地里收买勇士，勾结郑伯左右的人。可这事早走漏了风声。

有一天，郑定公请太子建上后花园去喝酒。太子建到了那边，就见那些受过他好处的人都被绑在那儿。太子建一见不对头，刚想要跑，就被武士们拿住了。郑定公骂他，说："我好心好意地收留了你，你怎么倒跟晋国勾结起来要谋害我？"太子建就这么被郑定公杀了。

伍子胥得到太子建被杀的消息，立刻就带着太子建的儿子公子胜逃出郑国。

伍子胥带着公子胜，白天躲起来，夜里逃跑，心里想着只要偷过了昭关，就能够照直上吴国去了。楚平王和费无极料着伍子胥准上吴国去，特地派了大将蘧（wěi）越带着军队等在那儿，关口上挂着伍子胥的画像。

伍子胥到了历阳山，离昭关不太远了，在树

林子里的小道上走着，正想歇会儿喘喘气，忽然从拐弯的地方出来了一个老头儿，张嘴就说："伍将军上哪儿去？"吓得伍子胥差点儿蹦起来，连忙回答说："老先生别认错了人，我不姓伍！"那个老头儿笑嘻嘻地说："真人面前别说假话啦！我是东皋（gāo）公，一辈子给人治病，在这儿多少也有点儿小名望。人家得了病，眼瞧着快要死了，我还想尽方法去救他。您又没有病，好好的一个男子汉，我哪儿能害死您呢？"伍子胥说："老先生有什么指教？您的话我可不大明白。"东皋公说："还是大前天呢，昭关上的薳将军有点儿不舒服，叫我去看病，我在关口上瞧见您的画像。今天一见您，就认出来了。您这么跑过去，不是自投罗网吗？我就住在这山背后，您还是跟我来吧！"伍子胥瞧那位老先生挺厚道，只好跟着他走了。

走了三五里地，瞧见一个大竹园子。东皋公说："这儿没有人来往，将军可以放心住下，等到我有了办法，再送你们君臣过关。"伍子胥千恩万谢地直给他磕头。

东皋公天天款待着伍子胥，一连过了七八天，可没提起过关的事。伍子胥哀求着说："我有大仇在身，天天像滚油煎似的难受，待了一个时辰就像过了一年。万望老先生可怜可怜我！"东皋公说："我正在找帮手呢！等我找着了帮手，就送你们过关。"伍子胥只得再住下去。他怕日子一多，也许会走漏消息，要闯出去，又怕被蓫越拿住。真是进退两难，愁得他一连几夜睡不着觉。

过了几天，东皋公带着一个叫皇甫讷（nè）的朋友回来了。他一见伍子胥就吓了一跳，说："哎呀，将军，您的头发胡子都白了！"伍子胥向他要了一面镜子，拿过来一照，就大哭起来，说："天哪！我的大仇还没报，怎么已经老了！"东皋公把皇甫讷介绍给他，又对他说："头发胡子是您愁白的！这倒好，人家不容易认出您来。"接着他们就商量过关的法子。第二天，天还没亮，他

们就开始准备动身。

把守昭关的蘐越吩咐士兵们细细盘问过关的人，还要他们照着画像一个个地对照，才放他们过去。那一天，士兵们瞧见有人慌里慌张地过来，已经怀疑他是个逃犯了。仔细这么一瞧，果然是伍子胥，立马把他逮住，拉到蘐越跟前。蘐越一见，就说："伍子胥，你想瞒过我吗？"士兵们因为拿住了伍子胥，得了大功，乱哄哄地非常高兴。这时候过关的人也多，老百姓们都围过来看热闹。

待了一会儿，东皋公来见蘐越，说："听说将军把伍子胥逮住了，我老头子特地来道喜。"蘐越说："士兵们拿住一个人，脸庞倒是真像，可是口音不对。"东皋公说："让我对对画像，就看出来了。"蘐越叫士兵把他拉出来。那个伍子胥一见东皋公就嚷起来，说："你怎么到这时候才来？害得我莫名其妙地受着欺负！"东皋公笑着对蘐越说："将军拿错了人啦。他是我的朋友皇甫讷，跟我约好在关前见面，一块儿出去玩儿。怎么把他逮了来呢？"蒍越连忙赔不是，放了皇甫讷，又叫士兵们重新留神查问过关的人。

伍子胥呢，早趁着他们拿住皇甫讷正在乱哄哄的当儿混出了昭关。他和公子胜走了几个时辰，一瞧前头有一条大江，拦住了去路。正在没法子可想的时候，后头飞起一片尘土，好像千军万马追了上来的样子。他抱起公子胜慌忙顺着江边跑下去，找到有苇子的地方藏起来。四面一瞧，瞧见一个打鱼的老头儿，划着一只小船过来。伍子胥急忙嚷着说："老大爷，请把我们渡过江去！"那个老头儿就把小船划过来。伍子胥跟公子胜上了小船。不到半个时辰船到了对岸，他们这才放了心。

到了这时候，那个打鱼的老头儿才开口说："将军想必就是伍子胥了？您的画像挂在关口，我也见过几回。听说楚王把您父兄杀了，这儿的人都替您担心。今儿个我把您渡过来，我也放心了。"伍子胥感激万分，就说："难得老大爷一片好心，救了我这受难的人。将来我伍子胥要是有点儿出息，都是您老人家的恩典。"说着他就摘下身边的宝剑，交给他，说："这把宝剑是先王赐给我祖父的。宝剑上头镶着七颗宝石，至少值百金。我只有这么点儿礼物送给您，好歹表一表我的心意。"那个老头儿笑着说："楚王画影图形，下了重赏要逮您。我不要五万石的赏，也不要大夫的爵位，怎么倒贪图您这宝剑呢！再说，这把宝剑对我没有什么用处，对您可是少不了的。"伍子胥大大地受了感动，问他："请问老大爷尊姓大名？叫我以后也好报恩。"没想到这句话反倒叫老头儿不高兴了。他指着伍子胥，说："我为了体贴您的一番孝心，才把您渡过来。您倒开口说'百金'，闭口说'将来要报恩'，真太没有大丈夫的气派了！"伍子胥连忙赔罪，说："您当然不要酬劳，可是我怎么能忘了您呢？您把姓名告诉我，也可以让我记住。"那老头儿说："我是个打鱼的，今天在这儿，明天在那儿，您就是知道了我的姓名，也找不着我。要是咱们还有相逢的日子，那时候，我叫您'芦中人'，您叫我'渔丈人'，不是一样的吗？"伍子胥只得收了宝剑，拜谢了一番，走了。

"渔丈人"后传

　　"渔丈人"救了逃亡中的伍子胥，故事到这儿还不算完。有一年，伍子胥带兵攻打郑国。国君下令，谁能让伍子胥退兵，就有重赏。可谁有这个本事呢？真没想到，一个打鱼的小伙儿手里拿着一根桨，嘴里唱着"芦中人，芦中人，可记得，渔丈人"，找上了伍子胥，成功地让他退了兵。原来他就是"渔丈人"的儿子。小伙儿用父亲的恩义解救了郑国的百姓，不仅得到了不少封地，还得到了百姓的敬仰，大伙儿都叫他"渔大夫"。

　　伍子胥逃过了大难，跑到了吴国，凭着自己的能耐得了吴王阖闾（Hé Lǘ）的信任。不久，楚国出了点儿乱子，大臣伯郤（qiè）宛的儿子伯嚭（pǐ）跑到吴国去投奔伍子胥。两个人全家都被奸臣、昏君害了，决心要报仇。他们同病相怜，交上了朋友。伍子胥在吴王阖闾面前引见了伯嚭，吴王阖闾叫他做了大夫，和伍子胥一同办事。他们两个人屡次三番地在吴王阖闾面前哭诉着他们的冤屈，请求他发兵去攻打楚国。

吴王阖闾一心想做霸主，也想灭掉楚国。伍子胥帮着阖闾整顿了吴国内政，引荐了用兵如神的孙武，这么着就算万事俱备了。赶巧蔡国和唐国被楚国攻打，跑来向吴国求助。吴王阖闾一瞧东风也到了，就打算发兵救蔡国，攻打楚国。

公元前506年，阖闾嘱咐被离和专毅辅助太子波守卫本国，拜孙武为大将，伍子胥和伯嚭为副将，派自己的亲兄弟公子夫概为先锋，发出六万大兵，由水路去救蔡国。楚国的相国囊瓦打了败仗，一见吴国兵马这么强大，赶紧扔下蔡国，跑回去了。

蔡昭侯和唐成公都来迎接吴王阖闾。他们自动地率领着本国的兵马跟着吴国的大军去打楚国的都城郢（yǐng）都。囊瓦早已失了人心，一连气儿打了几阵败仗，死伤了不少将士，急得他偷偷地一个人跑到郑国躲着去了。

这时候做楚王的是楚平王的儿子楚昭王。楚昭王眼瞧着郢都难保，匆匆忙忙地带着一部分亲信大臣和将士逃到随国。吴国的大军连着打了五场胜仗。这是东周时期一次大战争，楚国从来没败得这么惨，连建都两百来年的郢城也丢了。孙武、伍子胥、伯嚭、蔡昭侯、唐成公护卫着吴王阖闾进了郢都。吴国的君臣和将士就在楚国的朝堂上开了个庆功大会。

第二天，伍子胥劝吴王阖闾把楚国的宗庙拆了。他还劝阖闾废去楚昭王，立太子建的儿子公子胜为楚王。阖闾听了伍子胥的话，把楚国的宗庙拆了。伍子胥还不满足，他一定要亲手把楚平王杀了，才能解他心头的仇恨。可是楚平王已经死了，怎么办呢？他就请求阖闾让他去刨楚平王的大坟，阖闾说："你帮了我不少的忙，这点儿小事，你自己瞧着办吧。"

伍子胥打听出楚平王的坟在东门外的寥（liáo）台湖，就带着士兵上湖边去找。可是谁也不知道楚平王的大坟具体在哪儿。正在这个时候，来了个老头儿。他对伍子胥说："楚平王自己知道他的仇人多，唯恐将来有人刨他的坟。为这个，他做了好几个空坟。他又怕做坟的石工泄露机关，在完工之后，就把石工全杀了。我就是当时做活儿里头的一个石工，侥幸逃了一条活命。今天将军要替父兄报仇，我也正想要替被害的伙伴们报仇呢！"

伍子胥就叫这老石工领道，找着了坟地的地界。大伙儿拆了石头坟，凿开了棺材，里头只有楚王的衣裳和帽子，连一根骨头也没有。伍子胥大失所望，真要哭出来了。那老头儿说："上面的坟是假的，真的还在底下呢。"他们拆了底板，再往下挖，又露出了一口棺材。据说楚平王的尸首是用水银炼过的，打开棺材一看，居然还很完整。伍子胥一瞧见楚平王的尸首，当时怒气冲天，立刻把他拉出来，抄起铜鞭，一气儿打了三百下，边打边说："你生前有眼无珠，认不清谁是忠臣，谁是奸贼。你听信小人的话，杀了我的父兄，今天就算再死一次，也不足惜！"他越骂越有气，把楚平王的脑袋砍了下来。伍子胥亲手"杀"了楚平王的尸首，才算是报了大仇。

伍子胥为什么头发白了？（　　　）

A. 伍子胥年龄大了

B. 逃亡路上担惊受怕，头发一夜变白了

C. 在吴国当大夫太操心了

D. 伍子胥是"少白头"

汉字演变 仇

小篆　　隶书　　楷书

一夜愁白了头的大臣

伍子胥　姓名：伍员

身份	吴国大夫
技能	辅佐君王
生卒	公元前559年—前484年
武力值	43%
智力值	78%

历史名片夹

　　伍子胥一生对吴国做出了很多贡献。原本吴国的都城在长江北岸，总是受到楚国的威胁，伍子胥帮助吴王阖闾在长江南岸的姑苏地区考察地理、水利情况，建造了姑苏古城；伍子胥还主持开挖了沟通太湖和长江的胥河，给当时的百姓带来了许多便利；伍子胥在军事上也很有贡献，帮助吴王成为一方霸主。

为楚国哭来了救兵的大臣
申包胥

这个故事将诞生的成语
秦庭之哭

伍子胥到底借着吴国的力量，报了自己父兄的大仇。但他还不满足，非要逮着逃跑了的楚昭王不可。

有一天，他接到老朋友申包胥一封信，里边写着："你是楚国人。为了要报父兄的冤仇，打败了本国，你还拿铜鞭打碎了国王的尸首。仇也报了，气也出了。你还打算要怎么样呢？做事不能太过分。我劝你还是早点儿带着吴国的兵马回去吧。你要是灭了楚国，我一定豁出我的命把它恢复过来。请你再思量思量。"伍子胥念了两遍，低头想了想。他跟那送信的人说："因为我忙得厉害，没有工夫写回信。烦你带个口信回去，告诉申大夫，就说，忠孝不能两全。我积了一十八年的仇恨，今天也许有点儿不近人情，这也是实在没有办法。"为了报私仇，伍子胥决心跟自己的国家为敌到底。

那个送信的回去之后，把这话告诉了申包胥。申包胥知道已经不能再和伍子胥讲什么理了。他想起楚平王的夫人是秦哀公的女儿，楚昭王是秦国的外孙子，就连夜动身上秦国去借兵。

他没黑天没白日地走，脚指头走得流了血，就把衣裳撕下一条来，缠上脚，接着走。到了秦国，见着了秦哀公，他说："吴王是个贪心不足的暴君。他想吞并诸侯，独霸天下。今天灭了楚国，明天还想着收服秦国。现在您的外孙子东奔西跑，命还不知道保得住保不住，求您出头帮个忙。要是能够把楚国恢复过来，还不都是您的大恩吗？到那时候，我们情愿永远做您的属国。"秦哀公说："你先上公馆歇歇去，让我跟大伙儿商量商量。"

秦哀公不愿意跟吴国打仗。申包胥几次三番地跟他哀求，他只是敷衍着。申包胥就站在秦国朝堂上一个劲儿地哭。大伙儿都散了，他还是不走。到了晚上，人家都睡了，他还站在那儿哭。大伙儿都拿他当疯子看，谁也不去理他。他一连七天七夜也不吃也不喝，连觉也不睡，只是抱着朝堂的柱子哭个没完没了。

秦哀公奇怪起来了，他心里琢磨着："楚国的臣下能够为了国君这么着急！七天七夜水米不进。我这儿可找不出这么个人来。楚国有这样忠心的人还被吴国灭了，秦国找不出这样的人能管保不被人家灭了吗？万一吴国打到这儿来，谁来救我呢？就是为了劝化自己的大臣们，我也得出一回兵吧。"

秦哀公就派大将子蒲和子虎率领着五百辆兵车去跟吴军决一死战。申包胥一见秦国发兵，就先跑到随国去报告楚昭王。楚国的君臣一听见秦国发兵，就好像从绝路里得到了活路，大伙儿请

申包胥带着楚王的一队兵马去跟秦国的兵马会合起来。楚国的大夫子西和子期也整顿了一部分兵马一块儿跟着去接应。

申包胥当了先锋，一碰见吴国的公子夫概，就打起来了。夫概已经打了好几回胜仗，不把楚国人放在眼里。两边交手不到一个时辰，夫概忽然瞧见对面竖着一面大旗子，上边有个"秦"字。他想："秦国的兵马怎么会到这儿来了呢？"不由得着急起来。可还没来得及收兵，就见子蒲、子虎、子西、子期的兵马挺勇猛地冲过来。夫概退了足

哭秦庭

申包胥在秦国朝堂上哭了七天七夜，这种把国家之难看作自己之难，把国家的苦痛当作自己的苦痛的精神，值得赞颂。"哭秦庭"成了一个典故，当人们想表达"请兵疏国难"的意思时，常用到它。李白有诗云："申包哭秦庭，泣血将安仰？"杜甫有诗："独惭投汉阁，俱议哭秦庭。"取用的都是这个典故。京剧传统剧目中的《七日七夜》就是以此典故为故事原型的。

有五十多里地，才扎住营盘。查点人马，差不多损失了一半。

夫概赶紧跑回郢都见吴王阖闾，说："秦国的人马可够厉害的，怎么办呢？"阖闾真没想到秦国会来跟他作对，也有点儿担心。孙武说："楚国地界大，人又多，决不能那么容易收服。再说还有秦国出来帮助。我上回劝大王立公子胜为楚王，就是为了这个。依我说，不如跟秦国讲和，答应他们恢复楚国。"这时候，伍子胥只好同意这么办了。

伍子胥还没退兵的时候，又接到了申包胥的一封信，说："你灭了楚国，我恢复了楚国，这两桩事情都办到了。你我应当顾念自己的国家，别再伤了和气，连累百姓。你请吴国退兵，我也请秦人回去，好不好？"伍子胥和孙武答应退兵，不过要求楚国派使臣到吴国去迎接公子胜，封给他一块土地。楚国那方面也答应了。吴国将士就把楚国库房里的财宝全都运到吴国去，又把楚国的老百姓迁移了一万多户到吴国，叫他们住在人口稀少的地方。

　　楚国的都城已经被吴国人毁了，楚昭王就迁都到鄀（ruò）城，称为新郢。楚国从此大约有十年光景过的是艰苦的日子。楚昭王经过了这回大难，立志整顿政治，安抚百姓。

机智历史题

是谁为楚国求来了秦军？（　　　　）

A. 伍子胥

B. 甲包胥

C. 申包胥

D. 申包谞

汉字演变 哭

甲骨文　　　小篆　　　隶书　　　楷书

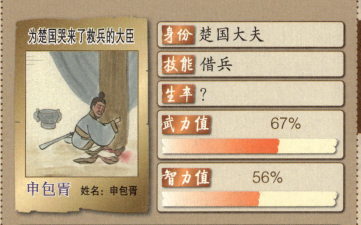

为楚国哭来了救兵的大臣

申包胥　姓名：申包胥

身份	楚国大夫
技能	借兵
生卒	？
武力值	67%
智力值	56%

　　申包胥不仅有才智，善于游说，也是一位上得了战场的武将。在为楚国借来秦军之后，吴楚之间的大战又拉开了帷幕。申包胥不是功成身退，而是走上了战争前线，身先士卒。楚国军民上下齐心，同仇敌忾，阻止了吴国的侵略。在此之后，楚王要封赏申包胥，但申包胥认为自己做的都是臣子本分，坚决不受，还归隐了起来。据史料记载，三十年后，申包胥再次出山，劝说勾践灭吴，教勾践"仁、智、勇"三策。

机智历史题 答案　　　C

把剑藏进了鱼肚子的刺客
专诸

伍子胥带着公子胜逃亡的时候，有一回瞧见两个大汉打架。

其中一个挺有力气，旁边的人想去拉他，被他骂了一顿，那声儿像打雷似的震耳朵，吓得劝架的人往后栽了个跟头。左边小屋的门口站着一个老太太，她一见打架的人，就喊着说："专诸！别动手打人！"那个壮士马上住了手，回家去了。

伍子胥挺纳闷儿，问了旁边的人："他怎么这么怕老太太？"旁边的人说："他是我们这儿的大力士，爱打抱不平，一发了脾气，谁也拉不住。那个老太太是他妈。只要她一句话，他就是发了牛性子，也能马上变老实。"伍子胥觉得专诸是个好品行的人才。

第二天，伍子胥特地去拜访专诸，说："我佩服您的孝行，想跟您交个朋友，不知道您答应不答应？"专诸了解了伍子胥的事，挺为他打抱不平，两人结为了生死朋友。

有一次在朝堂上，伍子胥用攻打楚国的好处劝谏吴王僚，希望吴王僚尽快行动。这时，吴王僚的堂兄弟公子光说："大王，您别听伍子胥的，他父亲和哥哥都是被楚国杀死的，他想要攻打楚国是为了报私仇，不是替吴国打算的。"打这儿以后吴王僚就再也不提伐楚的事了，伍子胥只得另想办法。没多久，伍子胥知道反对自己攻打楚国的公子光想要杀掉吴王自立为王，于是开始慢慢接近他。

公子光请伍子胥引荐些能人，伍子胥说："要说能人，我可比不上专诸。他家离这儿不远，明天我叫他来拜见您。"公子光说："还是先生辛苦一趟，陪我去拜会他吧。"两人就一同坐车上专诸家去了。

专诸见伍子胥同一位公子进来，赶紧迎了出去。伍子胥给他引见，说："这位就是吴国的大公子，久仰兄弟大名，特意来见见你，要跟你交个朋友。"专诸连忙向公子光拜见问好。公子光拿出好些金银财宝作为礼物，专诸原本不收，伍子胥再三劝说，他才收下了。打这儿起，他们三个人交上了朋友。公子光见专诸家里挺寒苦，每月总是打发人给专诸送点儿东西和银子，自己也时常去看望他。

有一天，公子光单独去看专诸。专诸不好意思地说："我是个粗鲁人，受了公子这么大的恩典，叫我怎么报答呢？我猜想公子一定有什么为难的事情要我去干吧。"公子光说："我有极大的冤屈，我打算请你想法儿把吴王僚刺死。"专诸说："这是哪儿的话！吴王僚是先王夷昧的儿子，公子干吗要去害他？"公子光说："先王夷昧的王位，照理应当由我来继承。我说给你听一听，你就明白了。"接着公子光就说起了吴国君王传位的事。

吴国原来是第四等诸侯国，就是公、侯、伯、子、男当中的子爵，跟中原诸侯比起来，地位比较低。到了公元前585年，吴子寿梦即位，自封为吴王。他用尽力量，整顿政治，发展生产，操练兵马，吴国一天天地强大起来了。后来晋国要利用吴国去牵制楚国，派人来教吴人射箭、驾车，告诉他们用兵车打仗的方法。吴国军队学会了用兵车打仗，收服了好多邻近的小国和部族，又开垦了不少荒地，就更加强盛了。

吴王寿梦有四个儿子：老大叫诸樊，老二叫余祭，老三叫夷昧，老四叫季札。弟兄四个都很不错，可是寿梦认为小儿子季札最贤明。寿梦临死的时候，对四个儿子说："你们弟兄之中又贤明又能干的要数季札了，我想立他做太子，可是他死活不干。既然这样，我给你们一个命令：我死了之后，王位就传给诸樊，诸樊再传给余祭，余祭再传给夷昧，最后夷昧再传给季札。你们要记住：你们的王位必须传给兄弟，不能传给自己的儿子。这么着，季札总能轮到做国君。你们要明白，我这么做不是偏疼季札，而是为了咱们国家好哇。谁要是不服从我的命令，就是不孝之子。"说完了这话，寿梦咽了气。

大儿子诸樊立刻要把王位让给季札，季札说什么也不干。诸樊拗不过他，只好即了位。他想："我要是活到老才把王位传给二弟，二弟传给三弟，三弟之后才轮到四弟，那四弟还能等到吗？我得另想主意。"他亲自带着士兵去打楚国，成心让自己死在战场上。他打了一场胜仗，可他自己却被敌人射死了。大臣们照着寿梦的命令，把二公子余祭立为吴王。余祭很了解诸樊的心意。他说："哥哥并不是真死在敌人手里，他是故意去寻死的，为的是要把王位让给季札。"这么想着，余祭亲自带兵出征越国，也像哥哥一样打了个胜仗，自己死在了战场上。

守诺言的季札

有一回，季札去徐国访问。季札和徐君谈话的时候，徐君很羡慕地瞧着季札随身带着的那把宝剑。季札知道他喜欢，心里想着要送给他。可是季札还得上别的国去访问，路上少不了这把剑。等到季札访问回来，再路过徐国，徐君已经死了。季札就到徐君坟上去祭奠。临走的时候，他解下宝剑来，把它挂在徐君坟头的树上。随从对他说："徐君已经死了，您还送他宝剑干什么呢？"季札说："我心里早已答应送给他了，怎么能够因为他死了就失信呢？"季札重礼的言行深受人尊敬。

三公子夷昧就要把王位让给季札，还说当初季札访问徐国、鲁国、齐国、郑国、卫国、晋国的时候，中原的诸侯和大夫没有一个不佩服他的才能和品德的。季札还是不肯越过哥哥做国君，他帮助夷昧，劝夷昧好好地做些富国利民的事情，整顿朝政，爱护人民，跟中原诸侯交好，这么一来，吴国太太平平地过了几年好日子。

到了公元前527年，夷昧得了重病，临死的时候，他要季札接他的王位。可季札却偷偷地藏了起来。这么一来，王位让给谁呢？公子光是寿梦的大儿子诸樊的长子。据他说，他爷爷的命令到季札做王为止，季札既然不肯即位，按照长子即位的传统，这王位就该轮到他了。没想到夷昧的儿子僚继承了王位，季札还出来辅助他。公子光一心想要把吴王僚刺死，夺回王位。

　　专诸听了公子光的事，挺直爽地说："那么……能不能好情好理地把道理说开了，叫他自己让位，不是比行刺强得多吗？"公子光说："你哪儿知道，那家伙向来自高自大，绝不是几句话就能够把他说服的。我要开口，他准得先把我杀了。"专诸当时就说："这么一说，我应该去替您出力，可是我母亲还在，我哪儿能扔下她不管呢？"公子光说："这个你倒不必放在心上，你真要是有个三长两短的话，你的母亲就是我的母亲，我一定好好地侍奉她。"专诸就答应下来了。他问公子光，说："吴王僚平常有什么喜好？顺着他的喜好就能想法子去亲近他。"公子光想了想，说："他顶爱吃鱼。"专诸就上太湖边一家饭馆里专门去学做鱼，天天琢磨着怎么样能烧出最好吃的鱼来。他一心一意地学了三个月，居然成了一个专门做鱼的能手，然后去给公子光当厨子。

公子光趁着吴王僚高兴的时候，对他说："我有一个从太湖来的厨子，专烧大鱼。他做的鱼特别有味儿，比什么都好吃。哪天请大王上我家去尝尝。"吴王僚一听有鱼吃，挺高兴地答应了。

第二天吴王僚带着一百名卫兵上公子光家去吃饭，那一百名卫兵好像铜墙铁壁似的保护着他。厨子每上一道菜，卫兵先得检查一遍，然后跟着厨子端上去。等专诸端上一条糖醋鲤鱼的时候，吴王僚忽然站起来，大声地说："好，好，好！你真有本事！"公子光吓得脸都白了，可是还挣扎着装出挺镇静的样子，眼睛瞧着专诸。接着吴王僚又说："我一闻见味儿，就知道你这厨子手艺不错。"他拿起筷子夹来一尝，真是又鲜又嫩，一口气吃了大半条。临走的时候，还说："鱼做得真不错！做得真不错！"

公子光请吴王僚吃鱼之后，就问伍子胥，说："僚已经尝着了专诸做的糖醋鲤鱼了，可是怎么想法儿下手呢？"伍子胥说："我看不能这么容易。他儿子庆忌是个出名的勇士。光他一个人已经不容易对付，何况他亲兄弟掩余和烛庸又都执掌着兵权。咱们先得想个法子把这三个人打发出去，才能够下手。"公子光虽说是恨不得早把王位夺到手，听伍子胥这么一说，也只好耐着心等着。

公元前 516 年，楚平王死了，太子珍即位，就是楚昭王。伍子胥听了这个信儿，想出一个主意来，连忙去告诉公子光，说："趁着楚国办丧事，公子快劝吴王发兵打过去。跟他说，只要把楚国打败，他就是霸主！这么一来，就可以把掩余和烛庸打发出去了。"

公子光一听这主意挺好，就照着伍子胥的话去和吴王僚说了。吴王僚一听能够做霸主，真打发掩余和烛庸统领大队人马打楚国去了。过了几天，掩余和烛庸打发人回来报告说，楚国大将太厉害，请吴王僚再派一支人马去。吴王僚就叫季札去晋国请兵，公子庆忌去约会郑国和卫国。说真的，吴王僚是舍不得叫庆忌出去的，可是有个小心谨慎的公子光在他旁边伺候着，他也就放心了。

有一天，公子光又请吴王僚吃鱼。吴王僚怕人行刺，就在外衣里面穿上铠甲，还像上回一样，带着一百名卫兵上公子光的家里去。大伙儿吃了几道菜之后，公子光借口腿疼，去屋里歇一会儿。专诸又端上了一条糖醋大鲤鱼。卫兵把他浑身上下都搜查了一遍，才让他上去。专诸端着那盘大鲤鱼走到吴王僚面前，刚要把那盘鱼搁下，突然从大鱼的肚子里抽出一把匕首"鱼肠剑"，使劲地照着吴王僚的胸脯扎过去。那鱼肠剑刺透了铠甲，穿入心脏。吴王僚大叫一声，立刻断了气，卫兵们拥上去把专诸砍成

了肉泥烂酱。他们都还不知道呢，这个时候公子光和伍子胥已经带着自己的士兵占领了王宫。紧接着伍子胥带着士兵保护公子光上了朝堂，召集大臣们，说："吴王僚不遵守先王的命令，霸占了王位，照理早就应该治死。"公子光接着说："我暂且管理朝政，等叔叔季札回来，就把王位让给他。"大臣们都知道自己只有一个脑袋，谁也不敢说个"不"字。公元前515年，公子光做了吴王，改名为阖闾。

掩余和烛庸哥儿俩听说吴王僚被刺，公子光做了国王，他们就偷偷地逃到别国去了。军队没了主将，就乱起来，有的被楚国人杀了或是抓去，有的跑回本国归附了阖闾。

季札从晋国回来，阖闾派伍子胥去迎接，还假意地请他即位。季札说："只要好好地治理国家，爱护人民，就是我的君王。让我先祭奠死去的，再辅佐活着的。"他到了吴王僚的坟头，祭吊了一番，对着坟头说："您交付给我出使晋国的使命，

我已经完成了，现在向您回禀。"说完就回到朝
廷准备接受阖闾的命令，阖闾还是像以前一样尊
敬他。

机智历史题

专诸用来刺杀吴王僚的武器叫什么？（　　　）

A. 鱼腹剑

B. 专诸剑

C. 王僚剑

D. 鱼肠剑

汉字演变 ⟶ 鱼

甲骨文　　金文　　大篆　　小篆

064

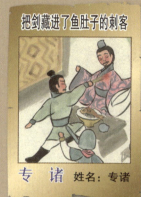

把剑藏进了鱼肚子的刺客

专诸　姓名：专诸

身份	吴国刺客
技能	力气大、打抱不平、做糖醋鲤鱼
生卒	？—公元前515年

武力值 66%

智力值 32%

　　春秋末期，天下大乱，礼崩乐坏。贵族们开始结交有才干的人，养为门客。这样的风气给平民带来了施展抱负的机会，刺客也应运而生。他们有一身好本事，英勇无畏，信奉"义"字。贵族以礼待之，他们就倾其性命回报知遇之恩。专诸孔武有力，被伍子胥和公子光倾心相待，便苦练厨艺，以命相搏刺杀吴王僚。专诸死后，吴王阖闾封赏了他的儿子，还为他建了一座塔，让后世铭记专诸的义行。

机智历史题 答案　D

演技最精湛的刺客

要离

阖闾登上了王位，可总觉着坐得不安稳，他对伍子胥说："我得到先生的帮助，才治死了吴王僚，做了国王。可是庆忌活着，总是个后患。为这个，我老担着心，连吃饭都不香。先生还得再想个法子才好！"

伍子胥说："大王已经把王僚杀了，怎么还要去害他儿子呢？我说还是饶了他吧。"阖闾说："早先武王杀了纣王，把纣王的儿子武庚也杀了，我为什么不能这么办呢？再说，庆忌活着，就跟僚没死一个样。万一他得到敌国的帮助打进来，咱们也不见得准能打得过他。先生还是拿个主意吧。"他接着又叹了口气说，"唉，哪儿能再找个专诸去呢？"伍子胥说："既是这样，我索性再引见一个'专诸'给大王吧。"

吴王阖闾对伍子胥说："庆忌可不比王僚，他是我们吴国数一数二的勇士。他的筋骨就像铜铁似的，空手能敌得住十几个大汉；他的身子非常灵活，能在树林子里空手逮住飞着的鸟儿。像他那样的人，怕没有人能杀得了他。"伍子胥说："这么说来，只有一个人能对付他了，就是要离。"阖闾说："真有这样的人？烦先生赶紧把他请来，越快越好！"

待了几天，伍子胥把要离领来见阖闾。阖闾一见，原来是个小矮个儿，不像个大力士，心里挺不痛快，没精打采地问："你就是要离吗？听说你挺有能耐。"要离说："我的身材又矮又小，没准一阵风就被刮倒了，哪儿称得起有能耐呢？可是只要您有用得着我的地方，一定效劳。"阖闾没开口。伍子胥说："对付平常的人，非得使力气不可。对付庆忌，倒不在乎有力气没有力气，最要紧的还得是机灵。再说要离的力气其实并不比专诸差！"阖闾这才高兴了，就拜要离为大夫，准备派他去刺杀庆忌。

又待了几天，伍子胥和要离一块儿上朝。伍子胥请求阖闾拜要离为大将，发兵去攻打楚国。不料阖闾冷笑了一声，说："就凭这个小矮个儿

小小文曲星

春秋战国时期的五大刺客

在历史上，刺吴王僚的专诸、刺庆忌的要离、刺韩傀的聂政、刺赵襄子的豫让、刺秦王的荆轲常被津津乐道，他们可以说是最有名的刺客。他们奉行的是"士为知己者死"的精神信条，刺客的言行是"侠"与"义"的最佳载体。在文学作品中，刺客的壮举常被赋予传奇色彩，《战国策》中说："专诸之刺王僚也，彗星袭月；聂政之刺韩傀也，白虹贯日；要离之刺庆忌也，苍鹰击于殿上。"成语"白虹贯日"也由此而来。司马迁的《史记》开为刺客立传的先河，要离的故事却未被收入其中。专诸、聂政、豫让和荆轲也常被并称为"四大刺客"。

还能当大将？要这么说吴国人全都是大将了。再说国内还没十分安定，哪儿能去跟人家打仗呢？"要离被阖闾当着大臣们的面挖苦了一顿，肺都要气炸了。他举起右手来，指着阖闾的脸就骂："天底下怎么会有像你这么不懂礼貌、忘恩负义的人！你不用我也就罢了，说什么高个儿、矮个儿！这是你没有礼貌。人家伍子胥替你想法子复了位，把吴国平定了，才求你给他报仇。这个忙你都不帮，就是忘恩负义！"阖闾当时冒了火儿，骂着说："这是国家大事，你懂得什么！竟敢在朝廷上侮辱我？我先把你的手砍了，看你还敢指着脸骂我！"说着就叫武士们砍去要离的右手，关起来，他的媳妇也被连累下了监狱。大臣们吓得谁也不敢言语。伍子胥叹了一口气，耷拉着脑袋出来了。

不久，伍子胥买通了看管监狱的人，让要离逃跑了。阖闾一听，立刻叫人把要离的媳妇儿绑到街上杀头示众。

要离从吴国逃出去，就上卫国去找庆忌，向

他哭诉自己的委屈。庆忌看看他空荡荡的右胳膊，问："你跑到我这儿来干什么？"要离说："阖闾谋害了先王，夺了您的王位，说起来您的仇恨比我还大呢。我听说您正联络诸侯打算报仇，我特地来投奔。虽说我是个残疾人，可是吴国的情形，我是熟悉的。您要想发兵进攻，我情愿当个领路的。等您登了基，我的仇自然也就报了。"庆忌是个精明人，表面上不动声色地把他收下了，背地里打发心腹去探听吴国的动静。

　　不多日子，探子回来说："要离的媳妇被吴王杀了。"庆忌就问要离："吴王用了伍子胥和伯嚭当谋士，整顿内政，操练兵马。咱们没有力量，怎么报仇哇？"要离说："能！伯嚭是个奴才，没有多大用处。只有伍子胥是精明强干的，可近来也失了宠。这两个人都不必怕。"庆忌说："不见得吧？要知道伍子胥是阖闾的恩人哪！"要离说："您是只知其一，不知其二。伍子胥哪儿真是尽心尽力地帮助阖闾呀，他原打算借着吴国的兵马去攻打楚国，好给他父兄报仇。没想到阖闾忘恩负义，不肯发兵。上回我就是因为请求他给伍子胥报仇，说到他心病上了，他恼羞成怒，砍了我的胳膊，杀了我的媳妇。说起来，阖闾跟我没仇没恨，他对我这么毒辣，明摆着是给伍子胥瞧的。伍子胥哪儿能不明白？要不是伍子胥暗中帮忙，我就是长了翅膀也飞不出来！他还直嘱咐我，叫我到这儿先打听打听。您要是能帮助我们去报仇，他准乐意来个里应外合。您要不趁这时候发兵打吴国，我跟您的冤仇什么时候能报哇？"说着，他大哭起来，把脑袋一低就朝柱子上撞去。庆忌赶紧拦住他，说："咱们慢慢地想法子吧。"打这儿起，庆忌就把要离当作心腹，叫他去操练兵马、造兵船。要离尽心竭力地替庆忌准备报仇的事情。

一晃儿过了三个月，兵船、水军全都准备好了，庆忌就顺着水路向吴国出发。庆忌坐在大船上，要离左手拿着长矛，站在旁边伺候着。突然江面上刮起大风来了。要离就在上风口借着风力，使出浑身的劲，照着庆忌的心口一矛扎去，矛尖从背后穿出来。庆忌一把抓住要离的大腿把他倒提起来，往水里一泡，又提起来，又往水里一泡，来回泡了三次，把要离弄得半死不活。然后把他搁在自己的大腿上，撩着他的头发，笑着说："天底下竟有像你这样大胆的人！"这时候船上的士兵们赶过来要杀要离。庆忌赶紧拦着他们，说："别杀！他也是个勇士。要是一天里头死了两个勇士，未免太可惜了。"众人只好停了手。庆忌嘱咐他们说："千万别杀他，让他回吴国去吧。咱们的国家正需要这样赤胆忠心的人！"说着，他把要离推开，自己拔出那杆长矛，咽了气。

这些士兵们一看庆忌已经死了，只得照着他临死前说的话，把要离放了。可是要离不走，他对大伙儿说："真想不到庆忌是这样一个英雄，我还有什么脸活着呢？"说着，就跳河自杀了。庆忌手下的人赶忙把要离捞上来，要离捡回来一条命。

随后，要离回吴国复命，吴王要重赏要离，要离却说："我杀庆忌，是为了吴国的百姓能够生活安宁，免受战乱之苦，不是为了金银财宝。"要离说完就退下了，回到家后，拔剑自刎而死。

机智历史题

以下哪项不是庆忌收留要离的原因？（　　　）

A. 要离的妻子被吴王杀了

B. 要离的胳膊被吴王砍断

C. 要离长得矮

D. 要离是个勇士

汉字演变

矮

| 大篆 | 小篆 | 楷书 |

历史名片夹

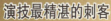
演技最精湛的刺客

要 离　　姓名：要离

身份	吴国刺客
技能	苦肉计
生卒	？—公元前513年
武力值	60%
智力值	70%

　　要离是吴国有名的勇士。有一回，一个叫椒丘䜣的人来吴国奔丧，走到渡口时，马被水怪吞掉了。椒丘䜣一气之下和水怪大战三天三夜，伤了一只眼睛，赢了。从此，他就趾高气扬，不把别人放在眼里。要离看不惯他，说："真正的勇士，和太阳战斗面不改色，和神战斗毫不腿软。你跟水怪打架，伤了眼睛、丢了马还沾沾自喜，真丢脸。"椒丘䜣一句话说不出来，想着晚上要找要离报复。要离知道椒丘䜣会来，晚上打开门户，毫不畏惧。椒丘䜣看要离这么做，笑骂他蠢。要离说："我白天羞辱你，你一句不反驳；晚上你登堂入室，搞偷袭；现在你用剑指着我还大言不惭，是心虚。哪里像个勇士？"椒丘䜣听了，羞愧得无地自容，在要离的床前自杀了。

机智历史题 答案　　C

最早训练女兵的将军
孙武

　　吴王阖闾在伍子胥的帮助下坐稳了王位，伍子胥请吴王帮他灭掉楚国，报杀父杀兄的大仇。

　　阖闾说："发兵去打楚国，叫谁当大将呢？"伍子胥说："听凭大王的吩咐，我愿意尽心竭力。"阖闾没作声，往四周瞧了瞧。伍子胥就猜着了阖闾还不愿意拜他为大将，赶紧说："要不然，我再推荐一个人，我想大王一定乐意用。"阖闾笑嘻嘻地问："谁呀？"伍子胥说："他是齐国人，叫孙武，是个大军事家。他研究了好多打仗的方法，还写了十三篇兵法。要是把他请来，拜为大将，那吴国准能变成天下无敌的强国，大王就是霸主了。要对付楚国，那简直不算什么事。"阖闾一听孙武是个军事家，已经有了七八分喜欢，再一听能够做霸主，更加高兴了。当时就打发伍子胥带着贵重的礼物去请孙武。

伍子胥请来了孙武，一同去见阖闾。阖闾从朝堂上跑下来迎接孙武，请教他用兵的方法。孙武把他自己写的十三篇兵法递给他。阖闾叫伍子胥从头到尾大声地念了一遍。每念完一篇，阖闾都不住口地称赞，他说："这十三篇兵法真是又扼要又精细，好极了。可有一样，吴国没有那么多士兵，怎么办？"孙武说："有了兵法，只要大王有决心，不光男子，就是女子也行。男男女女，全都能够打仗，还愁什么人马够不够？"阖闾笑着说："女人哪儿能打仗啊，这不是笑话吗？"孙武一本正经地说："大王要是不信的话，请先拿宫女们试一试。我要是不能把她们训练得跟士兵一样，情愿认罪受罚。"

于是，阖闾派了一百五十名宫女，叫孙武去

《孙子兵法》

孙武交给吴王的这十三篇兵法就是大名鼎鼎的《孙子兵法》。《孙子兵法》是世界上最早出现的军事著作，被誉为"兵学圣典"，是中华民族的文化瑰宝。《孙子兵法》不是战场上的小谋略，而是宏大的战略思想。从战前谋划、动员到地形、战术都有谈及，其包含着常读常新的辩证思想，不仅仅适用于战场。这本兵法因为写得太好，还曾被统治者列为禁书，以防有心之人读后推翻自己的统治。《孙子兵法》很早就被译介到世界各国，少年时代的拿破仑还受过这本书的影响呢！

训练。孙武请阖闾挑出两个心爱的妃子当队长，阖闾也答应了。末了，孙武请求说："军队顶要紧的是纪律。虽说只是拿宫女们试试，但也得有纪律。请大王派个执掌军法的人，再给我几个武将做助手，行不行？"阖闾全都答应了。

一百五十个宫女都穿戴上盔甲，拿着兵器，在操场上集合。孙武先下了三道军令："第一，队伍不许混乱；第二，不许吵吵闹闹；第三，不许成心违背命令。"跟着,他把宫女们排成了队伍,操练了起来。

哪儿知道那两个妃子队长还以为她们穿上军衣,拿着长枪、短刀,是出来玩儿玩儿的,先就嘻嘻哈哈地不听使唤。别的宫女一见领队的这个样子,都跟着笑成一团。有的坐着,有的站着,有的学着姿势,有的还来回奔跑,乱七八糟,简直不像一回事。

孙武传令,叫她们归队立正,先后传了三回,谁知道那两个妃子队长和宫女们还是嬉皮笑脸地不听话。她俩很受阖闾宠爱,认为孙武不敢把她们怎么样,高兴了就操练玩玩,不高兴就回后宫去,没什么可怕的。孙武可忍不住了,大声地跟那个掌军法的人说:"士兵不听命令,不服管,按照军法应当怎么处罚?"军法官赶紧跪下,说:"应当砍头!"孙武就发出命令,说:"先把队长正法,做个警示。"武士们二话不说把两个妃子绑上了。这一下吓得宫女们全都变了脸色。

阖闾在高台上远远瞧着她们操练，忽然瞧见两个妃子被绑，立刻打发伯嚭拿着节杖去救，传令说："我已经知道将军用兵的才能了。这是我心爱的两个妃子，没有她们侍候，我吃饭都会没有滋味的，请饶了她们吧！"

伯嚭急急忙忙地见了孙武，传来阖闾的命令。孙武对他说："操练军队不是小孩子闹着玩儿的。我已经领了大王的命令做了将军，军队就得由我管理。要是不把犯军法的人办罪，以后我还能指挥军队吗？"他最后还是把这两个妃子办了罪，又挑了两个宫女当队长，重新操练起来。当孙武再次发令时，宫女们谁也不敢嬉戏打闹了，纷纷按照孙武的指令操练起来，前后左右，进退回旋，跪爬滚起，全都合乎规矩，阵形十分齐整。宫女们经过孙武这一训练，居然操练得挺像样儿。

阖闾虽说挺佩服孙武的兵法和纪律，可是他失去了两个宠姬，心里不痛快，不大愿意重用他。伍子胥对阖闾说："大王打算征伐楚国，领导各国诸侯，做一番惊天动地的大事业，就非得有个像孙武那样的大将不可。"阖闾这才拜孙武为大将，又称呼他为军师，叫他准备征伐楚国的事情。在孙武的训练下，吴军的军事素质有了明显的提高，最终成为春秋五霸之一。

机智历史题

历史上被尊称为"孙子"的人是谁？（　　　）

A. 孙文

B. 孙权

C. 孙武

D. 孙膑

汉字演变　战

金文　　　小篆　　　隶书　　　楷书

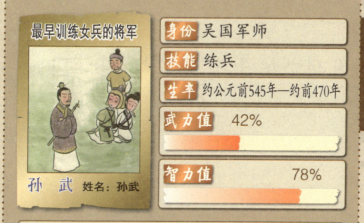

历史名片夹

最早训练女兵的将军

身份	吴国军师
技能	练兵
生卒	约公元前545年—约前470年
武力值	42%
智力值	78%

孙　武　　姓名：孙武

　　孙武被称为"东方兵学的鼻祖"，有极高的军事成就。他原本是卫国贵族，祖父受卫灵王迫害，才举家搬到了齐国。孙武从小就特别聪明，知识一学就会，老是跑出去玩，老师想批评他都找不到理由。三十岁时，孙武参与到齐国的派系斗争里，怕受株连，藏到了吴国，写成《孙子兵法》。在伍子胥的举荐下，孙武出山，当上了吴国军师。孙武和伍子胥一起辅佐了吴国的两代君王，先后灭掉楚国、越国，让吴王夫差在黄池之会上称霸中原。但之后，夫差昏庸，杀掉了屡次劝谏的伍子胥。孙武心灰意冷，从此归隐山林。

机智历史题 答案

C

用两个桃子杀了三个壮士的相国

这个故事将诞生的成语

挥汗如雨　比肩接踵
南橘北枳　二桃杀三士

公元前531年，楚国攻打陈国和蔡国，蔡国上中原来求救，各国诸侯全都怕楚国，不敢发兵。

齐景公早就存了当霸主的野心，就打发人上楚国去，想查看一下这个"蛮子国"到底有多大的实力。这个奉命出使楚国的人就是晏平仲。晏平仲，本名晏婴，字平仲，史称"晏子"。

楚国的君臣听说齐国打发使臣来访问，成心想侮辱他一下，显一显楚国的威风。他们知道晏平仲是个小矮个儿，就在城门旁边开了一个五尺来高的窟窿，叫他从这个窟窿钻进去。晏平仲倒也会说话，他说："这是狗洞，不是城门。要是我上'狗国'来，就得钻狗洞。要是我来访问的是'人国'呢，就应当从城门进去。我在这儿等一会儿，烦请你们先去问个明白，楚国到底是个什么国？"管城门的人立刻把晏平仲的话告诉了楚灵王。楚灵王只得吩咐人打开城门，把他迎接进来。那些招待的人还说了好些难听的话讥笑晏平仲，没想到全都被他驳回去了，他们就再也不敢张嘴了。

楚灵王见了晏平仲，跟他开玩笑，说："难道齐国没有人了吗？"晏平仲说："这是什么话？临淄城已经挤满了人：大伙儿要都呵一口气，就能够变成一片云彩；擦一把汗，就能够下一阵雨；走路的人肩膀擦着肩膀，一停步，后面的人就会踩着他的脚跟。大王怎么说齐国没有人呢？"楚灵王说："那么，为什么打发你来呢？"晏平仲一听这话，心里头又是生气又是好笑，就回答说："敝国有个规矩：访问上等国，就派上等人去；访问下等国呢，就派下等人去。我最没有出息，就被派到这儿来了。"说着他故意笑了笑，楚灵王也只得赔着笑了。

到了吃饭的时候，武士们拉着一个囚犯从堂下过去。楚灵王问他们："那个囚犯犯了什么罪？哪儿的人？"武士回说："是个土匪，齐国人！"楚灵王扭过脸来，笑嘻嘻地跟晏平仲说："齐国人怎么那么没有出息，做这种事情？"晏平仲说："大王不知道吗？江南的蜜橘，又大又甜。可是这种蜜橘种在淮北，就变成了枳橘，又小又酸了。为什么蜜橘会变成枳橘呢？还不是因为水土不同嘛。同样的道理，齐国人在齐国能好好地干活，一到了楚国，就当了土匪了，也许是因为水土吧。"楚国的君臣觉得不是晏平仲的对手，对他反倒尊敬起来了。

晏平仲从楚国回来对齐景公说："楚国虽说兵马挺多，可是没有了不起的人才，没有什么可怕的。主公只要把国家整顿好了，爱护百姓就成。还有一点，必须提拔有才干的人，远离小人。"

齐景公挺赞成他的话，可是他把"提拔有才干的人"这句话弄拧了。他以为喜爱打架的大力士就算是人才，只知道提拔孔武有力的人。这么一来，晏平仲反倒替齐国担了一份儿心。

有一天，鲁昭公来访问齐国。齐景公想让鲁国归附齐国，就特别隆重地招待着他。在坐席的时候，鲁昭公有叔孙舍做相礼，齐景公有晏平仲做相礼，君臣四个坐在堂上。堂下站着齐景公最宠用的三个大力士，杵在那儿好像示威似的。晏

《晏子春秋》是假书吗?

这篇文章里关于晏子的故事——"晏子使楚"和"二桃杀三士"，都出自成书于春秋战国时期的《晏子春秋》。在过去的很长一段时间，《晏子春秋》都被人认为是一本后人编写的伪书。直到1972年，考古学家在银雀山挖掘出汉代墓穴，发现了《晏子春秋》的竹简，才确定确有其书。同时被挖掘出的还有《孙子兵法》和《孙膑兵法》，解决了孙武和孙膑是不是同一个人的历史疑惑。《晏子春秋》以晏子为男主角记录了二百多个故事，是我国最古老的故事集。

平仲见他们三个人神气十足，得意扬扬，简直是眼空四海，目中无人，心里就挺不自在。他向来把这种武人当作老粗看待，齐景公却把这种老粗当作了不起的人才，真正的人才谁还愿意来呢？晏平仲一心想把这些武人轰走，然后再举荐真正有才干的人来。正当两位国君喝酒的时候，晏平仲有了主意了。他向上禀报，说："主公种了好几年的那棵桃树，今年结了桃了。我想摘几个来献给二位君主尝尝，不知道您准不准？"齐景公就要派人去摘。晏平仲说："我亲自去看着人摘吧。"

去了不大会儿工夫，他托着一个木盘回来了。盘子里头搁着六个桃，红绿的嫩皮，里头一汪水都快滋出来了。齐景公就问他："就这么几个吗？"他说："还有几个不太熟，就摘了这六个。"齐景公叫晏平仲斟酒行令。晏平仲奉上一个桃给鲁昭公，一个给齐景公，又斟满了酒，说："桃大如斗，天下少有；二君吃了，千秋同寿！"两位国君喝了酒，吃着桃，都说味道好。

齐景公说："这桃难得吃到，叔孙大夫的贤明天下闻名，这回又做了相礼，应当吃个桃。"叔孙舍跪着说："下臣不敢当。相国晏子协助君侯，才真贤明。齐国国内政治清明，国外诸侯钦佩，他功劳不小，这个桃应当赐给相国。"齐景公说："你们两个人都有大功，每人赐酒一盅，桃一个。"两个大臣就奉命又吃又喝。

晏平仲说："还剩下两个。我想，主公不如叫臣下都说一说自己的功劳。谁的功劳大，就赏谁吃桃。"齐景公叫左右传下令去，说："堂下的侍臣里头，谁要是觉得自己有过大功劳，只管照直说出来，赏给他一个桃儿，尝尝鲜。"

在齐景公最宠用的三个大力士当中，有个叫公孙捷的，往前走了一步，说："我跟着主公上桐山打猎，忽然来了一只老虎，冲着主公扑过来。我赶紧上去把那老虎打死，救了主公。就凭这件事我应该吃个桃吧？"晏平仲说："你救了主公的

命，这功劳可真不小哇。"转过身去对齐景公说：
"请主公赏他一盅酒，一个桃。"公孙捷赶紧谢恩，
一口干了酒，吃着桃下去了。

另一个大力士名叫古冶（yě）子，挺莽撞地说：
"打一只老虎有什么了不起。我跟着主公过黄河
的时候，遇见了一个大乌龟。它一下咬住了主公
的马，把马拖下水里去。我跳下水去跟大乌龟拼
命，挣扎了半天才把大乌龟弄死，救出了主公的
那匹马。这难道不算是功劳吗？"齐景公插嘴说：
"那天要是没有他呀，我连命都没有了！吃，吃！"
晏平仲给他一个桃，又给他斟了一盅酒。

第三个大力士田开疆气冲冲地跑上来嚷嚷着
说："我曾经奉了主公的命令去打徐国。我杀了
徐国的大将不算，还逮住了五百多个敌人，吓得
徐国赶紧投降，连邻近的郯（tán）国和莒（jǔ）
国都归附了咱们。就凭这个功劳也配得个桃吃
吧？"晏平仲说："像你这样为国出力，帮助主公
收服属国的功劳，比起打老虎、斩大乌龟还要厉

害。可惜,桃都吃完了,赏你一盅酒吧。"齐景公说:"你的功劳挺大,可是你说得晚了。"田开疆挺生气地说:"打老虎、斩乌龟有什么稀奇? 我跑到千里之外,为国增光,反倒没吃着桃,在两位国君跟前丢人,我还有什么脸面站在这儿呢?"这个老粗拔出宝剑来就抹了脖子。

公孙捷吓了一跳。他说:"我凭着打死老虎这么点儿功劳,抢了田开疆的赏,自个儿真觉得脸红。我要是活着,哪儿对得起田开疆呢?"说话之间,他也自杀了。古冶子大声嚷着说:"我们三个人是患难之交,同生同死的把兄弟,我一个人活着,太丢人了!"说着也自杀了。齐景公急忙叫人拦了这个拦那个,都没来得及。

鲁昭公直发愣,他挺抱歉地站起来,说:"我听说这三位勇士都是天下闻名的人才,没想到今天就为了这两个桃都自杀了,未免太可惜,连我心里头都觉得非常不安。"齐景公叹了一口气,没说话。晏平仲好像没有事似的说:"这样的武人虽说有用处，可不是什么了不起的人才。今天死三个，明天就能来三十个。多几个，少几个，没什么大紧要。咱们还是喝酒吧。"

·机智历史题

以下哪一项没有被三个大力士打败过？
（　　）

A. 大乌龟

B. 大老虎

C. 晏平仲

D. 徐国大将

桃　汉字演变

大篆　　　小篆　　　隶书　　　楷书

历史名片夹

用两个桃子杀了三个壮士的相国

晏子　姓名：晏婴

身份	齐国相国
技能	聪明的头脑
生卒	公元前578年—前500年
武力值	22%
智力值	82%

　　晏子是齐国的三朝元老，在齐灵公、齐庄公、齐景公时期都做过大臣。辅佐三代齐君时，他一直强调勤勉、廉洁，并以身作则、大公无私，很受百姓爱戴。他口才很好，擅长外交。孔子说他"善交"，不是说他朋友很多，而是与大国打交道时不卑不亢，言辞恰当缜密，能办成大事。晏子个子虽小，智慧却颇多，曾预言过齐国会被田氏取而代之。他给后世留下了许多经典故事，"良臣死社稷""识时务者为俊杰"等名言，"二桃杀三士""南橘北枳""挥汗如雨""比肩继踵"等成语典故都出自晏子的故事。

有道则见，无道则隐的大儒
孔子

·孔子的身世·

天下闻名的孔子本名孔丘，他父亲是个地位不高的武官，叫叔梁纥（hé），母亲叫颜征在。两口子曾经在曲阜东南的尼丘山上求老天爷赐给他们一个儿子，后来，他们果然生了个儿子。俩人觉得这个儿子是尼丘山上求来的，就给他取名叫孔丘。

孔子三岁的时候，父亲去世了。母亲颜氏受人歧视，孔家的人连送殡也不让她去。颜氏挺有志气，她带着孔子离开老家陬（zōu）邑的昌平乡，搬到曲阜去住，靠着自己的一双手来抚养孔子。

孔子小的时候，好几次见母亲祭祀他亡故的父亲，他就也摆上小盆、小盘等跟学做祭天祭祖的礼仪。

孔子十七岁那一年，母亲死了。他不知道父亲的坟在哪儿，只好把母亲埋在了曲阜。后来有一位老太太告诉他，说他父亲葬在防山，孔子才把他母亲的坟移到那边。

那一年，鲁国的大夫季孙氏请客招待读书人，孔子想趁着机会露露面，也去了。季孙氏的家臣阳虎瞧见他，骂着说："我们请的都是知名之士，你来干什么？"孔子只好挺扫兴地退了出去。他受了这番刺激，格外刻苦用功，要做个有学问、有道德修养的人。

他住在一条叫达巷的胡同里，学习"六艺"，就是：礼节、音乐、射箭、驾车、书法、计算六门课程。这是当时一个才能全面的读书人应当学会的本领。达巷里的人都称赞他，说："孔丘真有学问，什么都会。"孔子很虚心地说："我会什么呢？我只学会了赶车。"

"六艺"是什么?

"六艺"是三千多年前周王朝贵族子弟的必修课程,包括礼、乐、射、御、书、数。礼,是指不同场合要遵行的礼仪、规范;乐,是音乐、诗歌、舞蹈等;射,指射箭、射弹弓;御,是驾车技术;书,是书法与绘画;数,是计算方式。这六门科目之下都有细分课程。以孔子自称擅长的御为例,细分为五门课程:鸣和鸾,即驾车声能与鸾鸣声相和;逐水曲,即能沿着弯曲的水边驾驶而不掉进水里;过君表,即经过天子的表位时行礼……要考到"驾照"真是不容易呢!"六艺"不是简单的技能,其中隐藏着德行、操守、言行等内在品质的修养。

孔子在二十六七岁的时候,担任了一个小小的职司叫"乘田",工作是管理牛羊。他说:"我一定把牛羊养得肥肥的。"果然,他所管理的牛羊都很肥。

后来,他做了"委史",干的是会计的工作。他说:"我一定把账目弄得清清楚楚。"果然,他的账目一点儿不出差错。

孔子拜师

孔子快到三十岁的时候，名声大起来了。有些人想拜他做老师，他就办了一个书房，贵族学生、平民学生他都收。过去只有给贵族念书的"官学"，孔子办了"私学"，从这以后平民也可以接受文化教育了。孔子平时在学舍给学生们讲学，外出游历时，弟子们也跟着孔子游历。

鲁国的大夫孟僖子临死的时候，嘱咐他两个儿子孟懿（yì）子和南宫适（kuò）到孔子那儿去学礼。后来南宫适向鲁昭公请求派他和孔子一块儿去考察周朝的礼乐。鲁昭公给了孔子和南宫适一辆车、两匹马和一个仆人，让他们到洛阳去拜见老子。那一年，孔子整三十岁，他们到了洛阳，特地送了一只大雁给老子做见面礼，向他请教礼乐。

老子姓李，名耳，年纪比孔子大得多，在洛阳当周朝守藏室的大官（相当于现在的国家图书馆馆长）。他见孔子来向他虚心求教，很高兴，还真拿出老前辈的热心来，很认真地教导孔子。孔子每天也不离老师左右，认真向老师请教。末了，老子还给孔子送行。他说：

"我听说有钱的人给人送行的时候送钱，有德行的人赠几句话。我没有钱，就冒充一下有德行的人送你几句话吧：第一，古人早已死了，骨头也都烂了，只有他们的话还留着；第二，君子遇着好时机，驾着车也要去，时运不好，就趁早

小小文曲星

老子

　　老子是春秋时期很厉害的思想家、哲学家，他是道家的创始人。他的思想凝结于著作《道德经》中，庄子继承了他的哲学，两个人并称为"老庄"。儒、道、佛是中国文化中最重要的三个哲学体系。老子和孔子一样受到人们的推崇与尊敬。在唐朝和宋朝，老子被称为"太上老君""混元皇帝"。在传说中，老子的出生很有趣：玄妙王的女儿到河边洗衣服，看见一只拳头大的李子顺流而下。她吃掉李子便有了身孕，怀胎81年生下了白须白发的老子。传说充满玄幻色彩，凸显了人们心中圣人的非凡，老子留下的重要哲学思想，给后世带来了无限思考。

离开；第三，我听说会做买卖的人把好货藏起来，好像什么都没有似的，道德极高的人看上去好像挺笨似的；第四，你应当去掉骄傲、去掉欲念，因为这些对你都没有好处。"

孔子一一领受了。他回到鲁国，对他的门生们说："鸟，我知道它会飞；鱼，我知道它会游；走兽，我知道它会跑。可是，会跑的可以用网去捉；会游的可以用钩子去钓；会飞的可以用箭去射。至于龙，我不知道它是如何腾云驾雾，来去如风。老子就是这样让人没法捉摸，他大概像一条龙吧。"

就在孔子见到老子那一年年底，郑国的大夫子产死了。孔子一听到子产死了，也哭起来。孔子很钦佩子产，像尊敬老大哥那样尊敬子产，在想法上也多少受了他的影响。郑国遭了火灾，别人请子产去求神。子产不答应，他说："天道远，人道近；我们要讲切近百姓利益的人道，不讲渺渺茫茫的天道。"孔子讲的天道、人道是跟子产的理念相像的。

孔子拆墙头

公元前 501 年，孔子已经五十一岁了，他在鲁国做了中都宰。第二年，他做了司空，又由司空升为大司寇。

那时候，鲁国在表面上是被"三桓"占了，其实这三家的土地又被他们的家臣占了。诸侯和大夫只是政治上的贵族，家臣们倒很实际地做了地主。比方说，季孙斯的老巢叫费（bì）城，由他的家臣公山不狃（niǔ）掌握着；孟孙何忌的老巢叫成城，由他的家臣公敛阳掌管着；叔孙州仇的老巢叫郈（hòu）城，由家臣公若貌掌管着。这三家大夫就知道拼命地扩充自己的势力，不受国君管，可是他们三家的家臣也一样地扩充自己的势力，照样不受大夫管。这三个家臣把自家地盘的城墙修得又高又厚实，跟鲁国的国都曲阜一样。

季孙斯为家臣的势力越来越大犯了愁，就去

请教孔子。孔子说："家臣的势力一大，大夫反倒受他们压制，必须把他们的城墙改矮了，家臣们才不敢随便背叛大夫。"季孙斯把孔子的意思告诉了孟孙何忌和叔孙州仇，他们全挺赞成。三个大夫就通知三个家臣，叫他们赶紧把城墙拆下三尺去。那三个家臣没想到会出这个事，一时都没了主意，答应也不好，不答应也不好。

费城的公山不狃请那时鲁国顶有名的少正卯（mǎo）出个主意。少正卯说："为了保卫国家才把城墙砌得又高又结实。要是怕掌管这城的臣下造反就把城墙改矮，那把城墙都拆去不是更干脆吗？可是等别国打过来，一点儿挡头都没有，那又怎么办呢？再说，有这些家臣们牵制着大夫，大夫才不敢过分地难为国君。要是把家臣的势力拆散了，那不是给大夫增加了势力吗？大夫的势力一大，国君的势力就更小，君位就更不牢靠了。为了保卫国家，城墙应当往高里修，不应当改矮。"

三家的家臣本来恨不得把自己的地盘巩固起

来，如今听了少正卯这套话，就把主人的命令扔到脑袋后头去了。三家大夫一见家臣们还没把城墙改矮，就带着士兵围住城。费城的公山不狃首先叛变，又去联合成城的公敛阳和郈城的公若貌一起反抗。公若貌胆子小，不敢跟他们一起干，就被他的一个手下人侯犯杀了。侯犯代替了公若貌，跟公山不狃联合到一块儿，公敛阳却没动手。三家大夫有孔子出主意帮忙，大家伙儿联合起来对付这两个家臣，可就好办多了。公山不狃和侯犯打了败仗，跑到别国躲着去了。

　　叔孙州仇把郈城的城墙修矮了三尺，季孙斯也把费城照样改了。孟孙何忌叫公敛阳把城墙拆去三尺，公敛阳找少正卯再给想个法子。少正卯说："郈城和费城是因为公山不狃和侯犯叛变了，才把城墙改矮了。您要是也把城墙改矮了，不是您自己承认跟他们一块儿背叛主人了吗？再说，成城是鲁国北面顶要紧的一座城，要是城墙不高、不结实，万一齐国打过来，那可就守不住了！"

公敛阳就回复孟孙何忌，说："我把守成城，不光是为了孟孙一家，也是为了整个鲁国！万一齐国打过来，城墙改矮了，怎么守呢！我为了鲁国的安全，宁可把自己的命扔了也不能听别人的话拆去一块砖！"

孔子听见这话，就对孟孙何忌说："这话准是别人教公敛阳的。"他叫孟孙何忌和季孙斯把这件事告诉鲁定公，鲁定公就召集了大臣们商量这件事，叫孔子判断。

大伙儿一研究，有的主张应该拆，有的主张不应该拆，各有各的理由。少正卯一向是反对孔子的，这会儿反倒故意随着孔子的心意说："我赞成孔司寇的主张，应该把城墙矮下三尺去。因为这么一来，至少有六种好处：第一，尊重了国君；第二，巩固了国都的形势；第三，可以减少私人的势力；第四，让那些反叛的家臣没有依靠；第五，能叫三家大夫心平气和；第六，能叫各国诸侯也照样做。"

孔子看出了少正卯的奸诈，在他的花言巧语后面藏着坏主意，当时就站起来驳斥他，说："这太不像话了！三家大夫都是鲁国的左右手，难道他们是培养私人势力的吗？公敛阳忠心为国，他难道是反叛的家臣吗？少正卯明明是挑拨是非，叫君臣上下彼此猜疑怨恨。这种挑拨是非、扰乱国家大事的人应当判死罪！"

　　大臣们觉得孔子这么说，有点儿偏激，全都给少正卯求情。有人竟说："少正卯是鲁国有名的人，就算他说错了话，也不至于就有死罪。"孔子说："你们哪儿知道少正卯的奸诈？他的话，听着好像挺有理，其实都是些个坏主意。他的举动，看着好像叫人挺佩服，其实，都是假装出来的。像他这种心术不正、假充好人的小人顶能够颠倒是非地诱惑人，非把他杀了不可。"孔子终于把少正卯杀了。

　　孔子拆了城头，削弱了家臣们的势力。杀了少正卯，叫人不敢暗中挑拨是非。鲁定公和三家大夫都挺虚心地听从孔子的主张来改进朝政。鲁国自从按照孔子的方法治理以后，据说仅仅三个月工夫就变成了一个挺像样的国家了。比方说，要是有人在路上丢了什么，他可以到原地方去找，准能找得着。因为没有主儿的东西，就没有人捡。夜里敞着大门睡觉，也没有小偷溜进去偷东西。这么一来，别的国一听到鲁国治理得那么好，都担着一份心。尤其是贴邻的齐国，又是恨，又是怕，就有人出来想法去破坏鲁国的内政。

齐国的大夫黎弥变着法儿想破坏鲁国的事。他劝齐景公给鲁定公和季孙斯送一班女乐去。这种女乐正合没有能耐的糊涂君臣的口味，要是让孔子瞧见，他准得脑袋疼。齐景公叫黎弥瞧着办去吧。

齐国的使者领着女乐到了鲁国，一边拿了国书去见鲁定公，一边在南门外搭起帐篷先把女乐安顿下来。领队的怕歌舞不够好，就在南门外练习一下，同时也给鲁国人欣赏欣赏。鲁定公和季孙斯没等女乐进宫，就偷偷地穿上便衣到南门外看歌舞去了。

　　第二天，鲁定公偷偷地叫季孙斯写了封回信，赏了来人，就把八十个歌女留在宫里。鲁定公在这八十个歌女里头挑了三十个赏给季孙斯，从此，鲁定公和季孙斯就天天陪着美人。孔子难免要唠叨几句，他们对孔子也就恭恭敬敬地躲着了。学生子路对孔子说："鲁君不办正事，咱们走吧！"孔子叹了口气，说："我哪里不想走呢？可是我打算在这儿再等几天，过了祭祀节期再说吧，主公也许还能够遵守大礼。不是到了没法儿的时候，我总不愿意离开他。"

　　到了祭祀那天，鲁定公到场应应卯就走了。依照当时的规矩，祭祀过的肉应当由国君很隆重地分给大臣们。可是鲁定公把这件要紧的事推给季孙斯去办，季孙斯又推给家臣去办，家臣又推给底下人去办，底下人拿来自个儿受用，索性谁也不分了。

孔子祭祀完了回到家里，眼巴巴地等着国君送祭肉来。一直等到晚上，也没见送来，直叹气。子路说："老师，怎么样了？"孔子说："唉，我干不下去了！命里该着，命里该着！"这回他决心离开鲁国。他的几个门生，也辞职不干，一块儿跟着孔子走了。

孔子周游列国

孔子离开鲁国的时候，已经五十五岁了。他不能往东走，因为东边正是齐国。他就往西到卫国去，因为卫国的大夫蘧（qú）伯玉是孔子的好朋友，而且卫国的宠臣弥子瑕和子路是连襟。孔子到了卫国，住在弥子瑕家里。卫灵公给他的俸禄跟鲁国给他的一样。可是有人在卫灵公面前说，孔子不是卫国人，带着这许多门生到这儿来，是替鲁国做事的。卫灵公就派了一个心腹跟着孔子进进出出，监视着他的行动。

孔子在卫国不能够发挥自己的才能，就打算上陈国去。他也不跟人家告辞，带着门生就走了。

他们路过一个叫匡的地方，那边的人把孔子和他的门生全包围起来。原来，鲁国的那个阳虎早先压迫过匡人，匡人都恨他。可巧孔子的相貌有点儿像阳虎，匡人就把他当成了阳虎打算报仇。子路想要跟匡人打一打，孔子拦住他，说："我和匡人没冤没仇，他们为什么把我围起来呢？这一定是个误会。"他坐下来弹琴，让人家知道他是个心气沉静的文人，不是阳虎。恰好卫灵公派人来请孔子回去，匡人才知道是他们自己弄错了，直向孔子赔不是。孔子白白地受了五天罪。

孔子又回到卫国。这回给卫灵公的夫人南子知道了，她想利用孔子，屡次打发人去请他。孔子推辞不了，只好去拜见南子，子路在外头噘着嘴、气哼哼地等着。一见孔子出来，就挺生气地怪孔子不应当跟这种女人见面，他还疑心老师也许放弃大道了，急得老人家冲着天直起誓，说："我要是如你所想，老天爷罚我，老天爷罚我！"

自从孔子见了南子之后，卫灵公就待孔子特

别好。卫灵公出去的时候，叫南子一块儿坐在车里，还叫孔子陪着。卫灵公带着美女和孔子得意扬扬地在街上走，觉得挺体面。可是卫国的老百姓见了，一个个都觉得恶心得要吐。

孔子只好离开卫国，上曹国去，在曹国也不能安身，就跑到宋国去。到了宋国地界，在一棵大树底下，和几个门生研究学问。宋国有个挺得宠的臣下，怕国君重用孔子对自个儿不利，就想办法要把他轰出去。宋国人倒挺能够顾全面子，先给了孔子一个警告——他们把那棵大树砍倒了。孔子没法，还没进宋国就转去郑国了。

他到了那边，跟门生失散了，自己垂头丧气地在东门口站着。他的门生子贡沿路找老师，有人告诉他说："东门口站着一个老头儿。他的脖子像皋陶（Gāo Yáo），肩膀像子产，腰以下比大禹短三寸，落魄得好像一只无家可归的野狗，不知道是不是你老师。"子贡到了东门口一瞧，果然是他老师。他就把刚才那个郑国人所说的话，一五一十地告诉了孔子。孔子听了反倒笑着说："皋陶、子产、大禹我都不像。要说一只无家可归的野狗，倒是挺像！"

后来孔子又到了陈国，就在一位同情他的大官家里住了三年。这时候，晋国和楚国争夺陈国，紧接着吴国又来攻打。看着战乱不断，孔子就打算回到卫国去。路过蒲城的时候可巧碰上了打仗。孔子陷于兵荒马乱中，进退两难。幸亏蒲城有个勇士叫公良孺，他也是孔子的门生，他带着五辆车马，来保护老师。可是蒲城的贵族不放孔子出城，他们提了一个条件："我们跟卫国有怨仇，您得答应不上卫国去。"孔子答应了。他们还怕孔子说了不算数，非要他起誓立约不可。孔子就跟他们冲着天起了誓，公良孺这才保护着孔子和他的门生们逃了出来。孔子一逃出蒲城，马上就上路往卫国去。子贡问孔子："老师不是刚立了约不上卫国去吗？您怎么不遵守盟约呢？"孔子说："强迫着立的约不算数。这种约就是不遵守，老天爷也不管。"

孔子到了卫国，住在蘧伯玉家里。卫灵公正在发狠心想把卫国弄得强大点儿，一听说孔子又回来了，挺高兴地欢迎他。他抱着一肚子的希望向孔子讨教操练兵马和打仗的计策。孔子对他说："我就懂得关于礼节和道德这些事，没学过打仗。"卫灵公一听这话，心里就凉了。

就这样，孔子再一次离开了卫国。接着卫灵公的儿子、太子蒯瞆（Kuǎi Kuì）因为反对他母亲南子，被卫灵公轰了出去。卫灵公一死，蒯瞆的儿子当了国君，就是卫出公，他不让他父亲回国。蒯瞆借了晋国的兵马来夺君位。孔子听到儿子跟父亲争地盘，非常反感，想着走远点儿。他到了陈国，又想到蔡国去。

楚昭王听说孔子在陈国和蔡国一带待着，就打发人去请他。这时候，陈国和蔡国正恨着楚国，一见楚国派人来请孔子，就把孔子当作敌人。两国的大夫发兵把孔子围住，好在孔子的门生当中有好些人是能打仗的，保护着孔子。

孔子被人围在家里头，三天没吃的。他就饿着肚子弹弹琴，解解闷气，有时候还给门生讲书。子路发了脾气。他问孔子："君子也有倒霉的时候吗？"孔子说："君子、小人都会碰到困难，可是君子碰到困难不变节，小人碰到困难就乱来了。"

孔子一面和学生们谈论，一面派子贡到楚国去接头。到了第四天，楚国的兵马到了，总算把孔子他们接到楚国去。楚昭王打算封给他一块土地。楚国的令尹子西反对这件事。他说："大王可千万别小瞧了孔丘，他不像个当臣下的人。跟着他的那班人里头有文的、有武的，都是头等人才。要是他们有了地盘，慢慢地往大里发展，大王想管他可就管不住了！"楚昭王一听，对待孔子的那一片热心，可就凉下去了。

孔子知道楚国也不用他，决定还是回到卫国或者鲁国去。孔子在去卫国的路上，瞧见两个人正在耕地，他叫子路去问渡口在哪儿。子路去问路，他们反问子路："坐在车上的是谁？你又是谁？"子路告诉了他们。他们说："现在的世道到处乱哄哄的，哪儿不都是一样？与其跑来跑去，找这个、投那个，还不如像我们这样不去管得好。"他们说了这话，就不再理子路，继续耕他们的地。子路回来把他们的话告诉孔子。孔子想了想，说："正因为到处乱哄哄的，我才跑来跑去呀！要是天下太平了，我何必到处跑呢？"

孔子回到卫国时，已经六十三岁了。卫出公请他做大夫，他推辞了。鲁国的相国派人来请孔子和冉有回去。孔子就回到本国，不打算再奔波了。他的门生当中，子路、子羔留在卫国做官，子贡、冉有在鲁国做官。打这儿起，孔子就一心一意地把精力搁在编书上头。他编了好几本书，有《诗》《书》《礼》《易》《乐》《春秋》，这六部著作被后人合称为"六经"，是我国儒家的经典著作。其中《春秋》记载了从鲁隐公元年到鲁哀公十四年，就是公元前 722 年至公元前 481 年的大事。因为孔子的这本书，人们把这个时间段叫"春秋时期"。

孔子死后，他的弟子以及再传弟子把他和弟子们的语言、行为和思想都记录了下来，整理编成了儒家的经典著作——《论语》。

机智历史题

选项中哪个人不是孔子的弟子？（　　　）

A. 子贡

B. 冉有

C. 公良孺

D. 老子

汉字演变 儒

大篆　　小篆　　隶书

历史名片夹

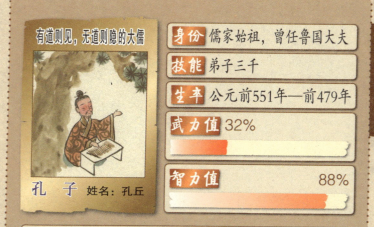

有道则见，无道则隐的大儒

孔子　姓名：孔丘

身份 儒家始祖，曾任鲁国大夫

技能 弟子三千

生卒 公元前551年—前479年

武力值 32%

智力值 88%

　　孔子是中国著名的思想家、教育家，位列"世界十大文化名人"之首。他的思想对中国、对世界有深远的影响。孔子二十多岁就以博学显名。年轻时，他不管做什么都追求完美，但直到五十六岁才做了鲁国的代理丞相。孔子在宦途上并不顺遂，各国国君敬重他，但不认为他推崇的仁德之道适合这个纷争不断的时代。所以，孔子一生的成就主要在教育上。他开办了第一所平民学校，收了三千多位弟子，其中有七十二位历史留名。孔子晚年修《诗经》《尚书》，定《礼记》《乐经》，序《周易》，作《春秋》，为后世留下了宝贵的思想财富，塑造传承了中华民族的道德核心。

机智历史题 答案

一天哭三次的霸主
夫差

公元前496年，越王允常死了，他的儿子勾践继承了王位。

吴王阖闾因为当初越国不帮他去打楚国，反倒帮着夫概造反的事很生气。打算趁着越国有丧事，发兵去攻打。伍子胥拦着说："人家有急难，咱们不应该打过去。暂且等一等，过些日子再说吧。"阖闾不听他的话，他叫伍子胥守住本国，自己带着伯嚭、王孙骆、专毅这些人，率领着三万精兵去攻打越国。越王勾践也亲自带着大军去抵挡。

吴国的兵马和越国的兵马在檇（zuì）李碰上

了。越王勾践和大将们都打算趁着吴国兵马刚到，立刻就冲破他们的阵线。可是一瞧吴国军队的阵脚挺整齐，好像铜墙铁壁似的，一时不容易冲过去，勾践就先派了几十个人用挺特别的法子去冲锋。

这几十个人分为三行，一个个光着膀子，拿着刀，把刀搁在自己的脖子上，行列整齐地走到吴国军队阵前。三个头目向吴国军队行了个礼，说："我们的国王得罪了贵国，非常不安。我们情愿替他死！"说着，他们就从从容容地自杀了。其余的人，也一个个跟着赴了死。

吴国的士兵从来没见过这种稀奇古怪的举动，大伙儿都纳起闷来，议论纷纷。吴国人摸不清到底是怎么回事，就乱了队伍。正在这个时候，越国的两员大将带着人马，呼啦一下冲过去。吴国的军队没防备有这一招儿，一时心慌意乱，来不及抵挡，就败下去了。埋伏着的其他越国士兵一齐杀出来，左冲右撞，见人就砍，把吴王阖闾吓得从车上掉下来，连着被砍了两刀。王孙骆急忙把阖闾救出去，辛亏伯嚭的军队赶到，一边抵挡，一边撤退，吴国的人马损失了一半。阖闾受了重伤，又上了年纪，受不了那份疼痛，还没回到国内，就断了气。

伍子胥接到消息，就立夫差为国王。夫差决心要给他父亲报仇，叫人每天提醒他几回。一清早起来，他手下的人就扯开了嗓子，问他："夫差！你忘了越王杀了你的父亲吗？"夫差流着眼泪，说："不，不敢忘！"吃饭的时候，临睡的时候，也这么一问一答地提醒着他。天天如此，每天都要至少哭三次，牢记杀父之仇。同时，他叫伍子胥和伯嚭在太湖操练水兵，自己操练兵车。

一晃儿两年多过去了。公元前494年，吴王夫差祭过了太庙，封伍子胥为大将，伯嚭为副将，亲自带领着大队人马，从太湖出发去打越国。

越国有两个很出名的大夫，一个叫文种，一个叫范蠡（lí）。文种原来是楚国的宛令（相当于县长），范蠡是他的知己，他们都是楚国知名之士。

楚国为了让越国牵制住吴国，就派文种和范蠡帮着越国。这会儿范蠡听到夫差发兵，就对越王勾践说："吴国练兵，已经快三年了。这回决心来报仇，来势汹汹。咱们不如守住城，不跟他们交手。"
文种也说："依我说，还不如跟吴王赔个不是，向

他求和，往后再慢慢地想办法。"勾践说："这哪儿行呢？吴国跟咱们辈辈都有仇。他们既然来打咱们，咱们也就只好抵挡一下。如今两国还没交锋，咱们就先跟人家讲和赔礼，往后还有脸见人吗？"勾践就派三万壮丁去跟吴国人拼个死活。

两国的水兵先在太湖的夫椒打上了。夫差亲自站在一只大船上使劲儿地打鼓。士兵们一见国王这个样儿，全都鼓起了十倍的勇气，又碰着顺风，战船就冲着越国那边直驶过去。船上的弓箭手精神百倍，借着风势，箭射得更远。这一下子，越国接连死伤了两员大将。吴国的水兵趁势追下去，把越国的水兵差点儿杀得全军覆没，逼得越王急急忙忙求和。伍子胥认为应该就此灭掉越国，永除心头之患。夫差却挺得意地答应了求和。

这之后，吴国在夫差的治理下愈发强大起来。公元前489年，夫差听说齐景公死后，齐国新君幼小无势，准备攻打齐国。伍子胥劝谏说现在应该把主要精力放在消灭越国上，夫差不听。后来，夫差为了进攻齐国，动用了大量的人挖掘运河，贯通了长江和淮河两大流域。这样就可以利用运河率领水军从水路进攻齐国了。

公元前 484 年，夫差在艾陵大败齐军。打了胜仗，更使他相信水上进兵的方便。他就征调了比上回更多的民工继续挖掘运河，北面通到沂（yí）水，西面通到济水。这么巨大的运河挖掘工程一完成，南北水上交通就方便了，夫差

小小文曲星

中国历史上第一条人工运河

古时候，远程的交通工具是船只。因为长江和淮河不相通，所以从南往北走需要到黄海里绕一圈，很费时间。春秋时候，吴王夫差为了北上攻打齐国，调动举国之力修人工运河，接通长江与淮河。这就是中国历史上第一条人工运河——邗（hán）沟。水上运输的便利，让邗沟附近的百姓一代代富裕起来。直到今天，得益于邗沟的扬州人有的还供奉夫差为财神爷呢！后世在邗沟的基础上逐渐拓展运河，直至接通杭州与北京，修建成京杭大运河。京杭大运河被列入"世界遗产名录"。

要做霸主的心愿就快要实现了。

公元前 482 年，夫差同着鲁哀公、卫出公一块儿到了黄池，派人去请晋定公来开会。晋定公不想去。赵鞅（yāng）说："夫差这回亲自带着大队人马上中原来，声势非常浩大。他这是在跟咱们挑战。他派使者来请咱们去开会，这是'先礼后兵'的意思。咱们要是不去，反倒中了他的诡计。我想咱们不如带着大队人马上黄池去，不管是会盟也好，开仗也好，到时候随机应变。"晋定公就带着赵鞅去会吴王了。

到了要订盟约的时候，为了次序先后这件事，闹了好几天。赵鞅的意见是晋国一向是诸侯的领袖，这回"歃（shà）血为盟"，晋国应当占先。夫差叫相礼王孙雄去对赵鞅说："晋国的祖先叔虞（yú）是周成王的兄弟，吴国的祖先太伯是周武王的叔伯爷爷，辈分大小差了三代。吴国是长辈，应当占先。再说以前晋国和楚国订立盟约的时候，就让楚国占了先，难道说吴国还不如手下败将楚国吗?"这次序的先后关系重大,谁也不肯让步,会议就成了僵局。

就在大伙儿都僵着的时候,忽然吴国派人来见夫差,偷偷地报告,说:"越王勾践派范蠡为大将,亲自带领着大军攻打吴国,情况非常紧急。请大王赶紧回去。"夫差听了这个信儿,心里当然焦急,脸上可不慌张。他对王孙雄说:"咱们可不能再跟晋国啰唆了。今儿晚上你把三万六千士兵准备好,明儿一清早就向晋军进攻,非逼着他订立盟约不可。"王孙雄说:"咱们还是回去要紧哪。"夫差说:"咱们要是不把会盟办完就这么撤兵,赵鞅那家伙准得来跟咱们为难。"王孙雄和伯嚭都很佩服吴王这种随机应变的本事。

第二天,天刚蒙蒙亮,吴王夫差亲自打着鼓,那三万六千人的兵营里头也都打起鼓来,震得会场就像天崩地裂似的,吓得各国诸侯直打哆嗦。赵鞅慌慌张张地赶紧打发人上吴国兵营去打听,夫差告诉他说:"天王有令,叫我主持会盟。晋侯要是不服，非要争先抢后地耽误日子不可，那你就去对他说，答应在今天，不答应也在今天。"

那人回去，把夫差的话告诉了晋定公。同时鲁哀公和卫出公都在场，大伙儿急得说不出话来。赵鞅就请晋定公让步，可是夫差也得让步，中原诸侯才有面子。晋定公又打发人去对夫差说："天王既然有令，我们哪儿敢不听啊！可是贵国既然尊重天王，也是天王的臣下。这吴王的称呼就不妥当。请把王号去了，改称'吴公'，我们就听从吴公。"夫差觉得他说得有理，就用"吴公"的名义先"歃血"，然后晋侯第二个"歃血"，以下鲁侯、卫侯跟着"歃血"。黄池大会就这么"圆满成功"了。

吴王夫差回去的时候，还怕齐国跟宋国不服，就派使者去朝见周天王，说："以前楚国不尊重天王，我先君阖闾就征伐楚国，把他打败了。最近齐国也不尊重天王，夫差只好出兵惩罚他。夫差托天王的洪福，打了胜仗，特向天王奉告。"

天王连忙慰劳吴国的使者，叫他传话，对夫差说："伯父能这样辅助王室，我就可以不担心了。"周敬王还赐给夫差一张大弓和一块祭肉，那就是承认他为霸主的意思。吴王夫差就这样匆匆忙忙地当上了新的霸主。

机智历史题

夫差和哪个国家的君主争夺霸主之位？
（　　）
A. 晋国
B. 越国
C. 齐国
D. 鲁国

夫　汉字演变

| 甲骨文 | 金文 | 大篆 | 小篆 |

历史名片夹

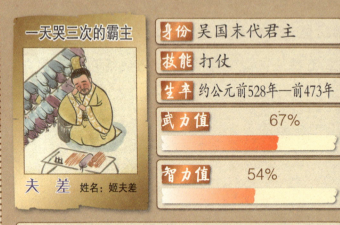

一天哭三次的霸主

夫差

姓名：姬夫差

身份	吴国末代君主
技能	打仗
生卒	约公元前528年—前473年

武力值 67%

智力值 54%

　　夫差即位的时候，吴国已经被父亲阖闾治理得像模像样了。他打败越国，报了父仇后，伍子胥劝他对越国斩草除根。但夫差一意孤行，把向北面的中原进军作为自己的奋斗目标，他先打败了齐国的十万大军，又攻占了鲁国的土地，在黄池会盟，当上了中原霸主。其间，夫差修筑了邗城，又开凿了邗沟，造福了后世。夫差两年征战，导致国内空虚，国力衰弱。伍子胥又劝他先灭越国，再图北进，夫差还是不听，赐死了伍子胥。伍子胥临死前说："把我的眼睛挂在城门口，让我看看越国如何灭掉吴国！"最后，吴国灭亡，夫差自杀时悔恨没听伍子胥之言，觉得没脸再见他，吩咐手下用衣服盖住了自己的脸。

机智历史题 **答案**

A

最能吃苦的霸主
勾践

勾践是越国的国君。越国和吴国的关系不好，经常打来打去。

公元前494年，两国又打了一仗，勾践惨败给吴王夫差，弄得越国丢了好几座城。勾践一瞧势头不好，自己带着五千人跑到会稽（jī）山躲着去了。勾践连急带吓，弄得一点儿办法都没有，直后悔不该跟吴国打仗。大夫文种说："别再犹豫了！赶紧去跟人家讲和吧！"勾践说："都到这份儿了，他们还能答应吗？"文种说："吴国的大将伯嚭向来跟伍子胥面和心不和。伍子胥办事周到严实，伯嚭怕他功劳太大，把自己盖过去，没有出头的日子。再说他又是个贪财好色的小人，咱们只要去拉拢他，他准能帮助咱们。"勾践就叫文种瞧着办去。

文种到了吴国的兵营里，拜见伯嚭，说："越王勾践年幼无知，得罪了贵国。他如今已经后悔了，情愿当个吴国的臣下。他怕吴王不答应，特地打发我来恳求您。您是吴王顶亲信的大臣，吴国的大事全都得靠着您处理。只要您在吴王跟前说句话，没有什么事不成的。勾践奉上白璧二十双，金子一千两，又从国内挑选了八个美女，派到这儿来伺候您。"伯嚭听了文种的话，浑身都舒坦，说："好，明天带你去见大王！"

当天晚上，伯嚭先把这事跟夫差说了一遍，夫差答应了。第二天，文种跪在夫差面前，把勾践请求讲和的意思说了。夫差说："越王情愿当我的臣下，他们两口子愿意跟着我上吴国去吗？"文种说："既然当了大王的臣下，自然应当去伺候大王。"伯嚭插嘴说："勾践夫妇情愿上吴国来伺候大王，越国就是吴国的了。大王答应了吧。"夫差就答应了。

伍子胥听说了这事，挺着急地跟夫差说："越国和吴国是势不两立的。吴国不把越国灭了，越国就一定会把吴国灭了。再说先王的大仇，不能不报！"夫差给伍子胥说得回答不上来，挺害臊地看了看伯嚭。伯嚭说："这回大王把越国打败了，越王情愿做臣下，先王的仇已经报了。相国也曾经给父兄报过大仇，为什么不把楚国灭了呢？你自个儿报了仇，答应楚国求和，当了个忠厚的君子。这会儿大王的仇也报了，你反倒叫大王不依不饶的。难道你做了忠厚的事，倒叫大王刻薄起来吗？"夫差连连点头，说："可不是。相国先上后边歇息歇息吧！"气得伍子胥只能唉声叹气地出来了。他对大将王孙雄说："越国十年生聚，十年教训，用不了二十年工夫就能够把吴国灭了！"

文种回到会稽，报告了求和的经过。勾践召

集大臣们，要把国家大事托付给他们经营。大伙儿都下了决心，在国内苦干，想法子恢复越国。勾践就拜托文种和大臣们管理国事，自己带着夫人和范蠡上吴国去。越国的大臣和老百姓沿路哭着送行。

勾践到了吴国，夫差让他们两口子住在阖闾大坟旁边的石屋里给他看马。范蠡跟着他做奴仆的工作。夫差每次坐车出去，勾践总得给他拉马。吴国人老指着勾践，说："瞧！这是咱们大王的马夫！"勾践老是低着头，不言语，随便让人家取笑。就这么过了三年。在这三年当中，勾践挺小心地伺候着吴王，真是百依百顺的。文种还时常打发人给伯嚭送礼，伯嚭老在吴王跟前给勾践说情。

有一回夫差病了，勾践托伯嚭带话，说他听说大王病了，挺惦记的，想来问候问候。夫差瞧他殷勤得挺可怜的，答应了。伯嚭带着勾践到了内房，夫差正要拉屎，勾践赶紧过去扶着他。夫差叫勾践出去，勾践说："父亲有病，做儿子的应当服侍；大王有病，做臣下的也应当服侍。再说我还有点儿小经验，瞧见拉的是什么屎，就能知道大王的病是轻是重。"夫差只得让他扶着，拉完了之后，夫差觉得舒坦点儿。勾践偷偷地掀开马桶盖，背地里不知道干些什么，回头就向夫差磕个头，说："恭喜大王！大王的病再待几天就完全好了。"夫差说："你怎么知道的？"勾践说："我刚才仔细看了大王的粪，瞧那个颜色，闻那个味道，就知道肚子里的恶毒已经发散出来了。"夫差听了，大受感动。他说："唉！我太亏待你了。等我病好了，准放你回去。"

夫差害的病本来就没有什么大不了的。待了几天，果然好了。他答应把勾践放回越国去，还预备了酒席给他送行。伍子胥又来拦住他，夫差真冒了火儿了，气冲冲地说："我得病的当儿，勾践挺小心地服侍我。你倒好，连句话也没有，老摆着你那老前辈的架子，不准我干这个，不准我干那个！我盼望老相国往后少说话吧！"伍子胥不便开口，一声没言语。

公元前491年，夫差亲自送勾践上车。勾践夫人拜谢了吴王，也上了车。范蠡拉着缰绳，说了一声"再会"，君臣三个人就回越国去了。

勾践回到越国，大臣们都是又高兴又伤心。勾践对他们说："我是个国破家亡的奴才，要不是诸君这么尽心尽意地出力，我哪儿还有回国的一天？我决不叫你们失望！"他叫文种管理国家大事，叫范蠡整顿兵马，自己挺虚心地接受别人的意见。这么一来，全国的人个个欢喜，恨不得把自己的能耐全都拿出来，好叫这受欺压的国家变成一个强国。

勾践唯恐眼前的舒服把志气消磨了，就改变日常生活，把软绵绵的褥子撤去，拿柴草当作褥子。在饭桌前挂上个苦胆，每逢吃饭的时候，先尝一尝这苦味。这就叫"卧薪尝胆"。

这回亡国之后，越国人口减少了很多。勾践

就定出几条奖赏生养的条例来。例如：上了年纪的人不准娶年轻的姑娘做媳妇；男子到了二十岁，女子到了十七岁，还不成亲的，他们的父母要受一定的处罚；女人快要临盆的，国家派官医去照顾她；添个小子，国王赏她两壶酒，一条狗；添个姑娘，国王赏她一壶酒，一只小猪；生了双胞胎的，官家给派保姆；生三胞胎的，官家给派奶妈。赶到种地的时候，越王亲自拿着锄头在地里干活，为的是让庄稼人提起精神，加劲儿种地，多打粮食。国王的夫人也老出去，看望织布纺线的姑娘和大娘们，没有事的时候，自己也在宫里织布。

七年里头，国家什么捐税都不收，穿衣、吃饭，处处节省，全国差不多都不吃荤，也不穿漂亮的衣裳。他们自己这么节省，为的是给吴王夫差进贡。夫差见勾践月月有东西送来，非常满意。这一来，两国相安无事，可是勾践反倒着急起来了。

有一天，他对文种说："要是老这么下去，什么时候能找吴国报仇呢？"文种说："我有七个计策，能够灭吴国，报咱们的仇：第一，多多给吴国送贿赂，让吴国的君臣欢喜；第二，收买吴国的粮食，弄空他们的仓库；第三，用美人计去诱惑吴王，让他荒淫无道；第四，送给吴国顶好的砖、瓦、木料和木工、瓦工，叫吴国大兴土木，为的是让他劳民伤财；第五，打发探子去当吴国的臣下；第六，到处散布谣言，叫忠臣们退避不问国事；第七，自己多积攒粮草，操练兵马。这么着，到了时候，管保能把吴国灭了。"勾践连

越王勾践剑

1965 年，在湖北江陵，一把青铜古剑出土问世，剑光耀目，毫无锈痕，上书"越王鸠浅，自乍用剑"。这就是埋藏了 2400 多年的天下第一剑——越王勾践剑。"鸠浅"即"勾践"的通假。这把剑是勾践亲自监督制造并使用的。虽然这把剑长超过半米，但还没有两瓶矿泉水重。刚刚出土，就能轻易划破 20 多层纸。它精细的花纹、千年不锈的剑身到现在都是世界之谜，证明着中国古代锻造技术的辉煌。

连点头，说：“好计策！好计策！”

这时候，夫差正打算起造姑苏台。越王趁着这个机会，预备了几根又长又大的木料，打发文种送去。夫差从来没见过这么大的木料，非常高兴。可是这几根大木料竟把起造姑苏台原来的规划改变了。大材不可小用，姑苏台得加高一截，还得往大里扩，才能高矮合适。这么一来，工程可就大了。苦了吴国的老百姓，没黑天没白日地干着，有时候还得挨揍。

勾践见文种的这一个计策起了作用，就叫他和范蠡去找美女。范蠡说：“这事我早就准备好了。托大王洪福，我找着了一位又精明又懂大义的姑娘，她叫西施。她还约了个帮手，叫郑旦。大王把这两个人送给夫差，文大夫的第三个计策管保有用。”勾践就打发范蠡护送她们上吴国去。

西施和范蠡本来是一对情人，去吴国的这一路真是有说不出来的伤心难受。倒是西施挺有志气，咬着牙，把自己的眼泪往肚子里咽，脸上还装作挺正经的样儿来。她对范蠡说："你别伤心了！咱们亡了国，还能随自己的心意讲恩爱吗？我不怕别的，我就怕将来计策成功了，你也许不认我了。"范蠡听到末了这两句，急得他直起誓发愿地说："你为了大王，为了父母之邦，为了我，去受这么大的委屈，我已经佩服得没有话说了。我要是不把你当作天底下顶纯洁的女子看待，就叫老天爷重重地罚我！"

她们进了吴国的王宫，西施的模样长相是不用说的了，外加那种才干、见解和谈吐，处处高人一等，没有几天工夫，夫差就当了西施的俘虏。西施不光叫夫差宠爱她，还叫夫差尊敬她。她见夫差成天陪着她，反倒生了气。她皱着眉头，说："大王知道如今天下的大势吗？楚国打了败仗之后，还没恢复元气；晋国早就失了霸主的威风；齐国自从晏平仲一死，国里头没有了不起的人；鲁国三家大夫就知道拼命地扩充自个儿的权势。中原诸侯哪儿有一个能跟大王相比的呀！大王不趁着这时候去干一番顶天立地的大事业，反倒天天陪着我们饮酒作乐，人家准以为是我把您的志气消磨了。您就是不替吴国，至少也该为了疼我，去当中原的霸主，让我在历史上也好落个美名儿。"夫差听了西施这篇高论，每个汗毛眼儿都充满了快乐和佩服。

正在这时候，齐国派使者来请求吴国派兵一同去打鲁国，说是因为鲁国欺负邾（zhū）国。夫差诚心要上中原去做一番事业，就答应了齐国。夫差一发动，就收服了齐、鲁两国。他从中原回来，越发佩服西施，把她当作谋士，老跟她谈论国家大事。有时候朝廷上有什么疑难的事也得跟她商量一下。

有一回，夫差对她说："今天越国的大夫文种上这儿来。他说，越国收成不好，粮食不够，打算跟咱们借一万石，过年如数归还。你瞧这事应该怎么办？"西施说："大臣们怎么说的？"夫差说："他们也没有一定的主张。伯嚭他们劝我答应，伍子胥说什么也不干。"西施冷笑了一声，撇着嘴，说："芝麻大的事也值得费这么大的劲儿？大王是个精明人，您没听见过'国以民为本，民以食为天'这两句话吗？越国已经属于大王了，每个越国人都是大王的人，难道说大王就这么忍心让他们活活地饿死吗？"夫差连连点头称赞，说："大臣们也有劝我应该救济越国的，可是他们没像你说得这么透。我明儿个答应文大夫就是了。"

　　文种领了一万石粮食，回到越国，把这些粮食全都分给穷人。这一来，全国的人没有一个不感激越王的。转过年来，越国年成丰收，文种就挑选了顶好的可以做种子的粮食一万石，亲自去还给吴国。夫差见勾践不失信，更加高兴了。他把越国的粮食拿来一瞧，粒粒足实、饱满，就对伯嚭说："越国种的颗粒比咱们的大。咱们就把这一万石当作种子，这一来，咱们的庄稼也就更好了。"伯嚭就把越国的粮食分给农民，叫他们去种。

　　到了春天，吴国的庄稼人下了种，天天等着

新秧长出来。等了十几天了，还没出芽。他们想，好种子大概要比普通种子出得慢一点儿，就耐着心又等了几天。没想到全国撒下去的种子全霉烂了。他们没有主意了，只好赶紧再用自己的种子，可是已经误了下种的时候，这一年的饥荒算是坐定了。吴国的老百姓都埋怨吴王不顾土地合适不合适，就冒冒失失地用了越国的种子。他们哪儿知道文种的狠劲儿呢？原来他送去的都是已经蒸熟了又晒干的种子呀！

越王勾践耐心等着报仇的时机，渐渐扩大军队，操练兵马。吴王夫差呢，却是天天跟着西施饮酒作乐，国事也不管了。

公元前473年，越王勾践带着范蠡、文种，亲自率领着大队人马来攻打吴国。吴国兵马一连气打了几回败仗，一败涂地。夫差打发王孙雄上越国兵营去求和，情愿当个属国。王孙雄来回跑了六七趟，勾践坚决不答应。夫差没有法子，只好叫伯嚭守着城，自己带着王孙雄逃到阳山去了。

范蠡、文种的兵马接连不断地攻打。伯嚭抵挡不住，先投降了。越国的兵马追上夫差，把他围困起来。

夫差写了一封信绑在箭上射到范蠡的兵营里去。范蠡跟文种拿来一看，上头写着："飞鸟尽，良弓藏；狡兔死，走狗烹；敌国灭，谋臣亡。大夫为什么不留着吴国给自己做个退步呢？"他们写了一封回信，也用箭射了过去。夫差拿来一看，上头写着："你杀害忠臣，听信小人；专凭武力，侵犯邻国。越国杀了你的父亲，你不知道报仇，反倒放走了敌人。你犯了这么些罪过，哪儿能不死呢？二十二年前，老天爷把越国送给你，你不要；如今老天爷把吴国送给越王，越王哪儿能违背天命呢？"夫差念到末一段，止不住流下眼泪来。王孙雄说："我再去求求越王，瞧他还有人情没有？"

待了一会儿，王孙雄回来说："越王看在过去的情义上，把大王送到甬东的岛上去，给您五百家人口，养您到老。"夫差苦笑着说："要是不废去吴国的宗庙，让吴国当个属国也就罢了，想不到他要把我迁走。我已经上了年纪，何必再受这份儿罪！"说着就自杀了。王孙雄脱下自己的衣裳，包上夫差的尸首，他也自杀了。

越王勾践进了姑苏城，坐在吴王夫差的朝堂上。范蠡、文种和别的文武百官都来朝见他，吴国的相国伯嚭挺得意地也站在那儿，等着受封。勾践对他说："你是吴国的太宰，我哪儿敢收你做臣下呢？如今你的国君在阳山，你怎么不去呀？"伯嚭听了这话，低着脑袋，垂头丧气地退出去。勾践派人追上去，把他杀了。

公元前473年，勾践带着大队兵马渡过淮河，在徐（shū）州会合了齐国、晋国、宋国、鲁国的诸侯。勾践做了诸侯的头儿，就想表现头儿的样子和气派。他开始尊重天王，还叫中原诸侯都向天王朝贡去。周天王派人送祭肉给勾践，承认他为东方的霸主。

勾践从徐州回到姑苏，就在吴王的宫里开了个庆功大会，一直闹到半夜。大家伙儿正乱哄哄地喝酒、唱歌、作乐的当儿，勾践忽然觉得好像短了个人似的，细细一查看，原来范大夫不见了。勾践赶紧叫人去找，哪儿有他的影儿呢。勾践怕他变了心，连忙叫文种去接收他的军队，接着又派人上各处去找。大伙儿忙乱了一宵，还是找不到他。

到了第二天，勾践正担心着这事儿，有几个派出去的人回来了，说："范大夫自杀了。我们在太湖旁边找着了他的外衣，兜儿里还有一封信。"说着，就把衣裳和信递了上去。勾践赶紧先看那封信，上头写着：

"大王灭了吴国，当上了霸主，我的本分总算尽了。可是还有两个人，留着他们对大王没有好处。一个是西施。她迷惑了夫差，弄得吴国灭亡了，如果留着她，也许也能迷惑大王，因此，我把她去了。一个就是我范蠡。他帮着大王灭了吴国，留着他，他也许要扩大自己的势力，因此，我把他也去了。"勾践知道范蠡杀了西施之后，他自己也死了，这才放了心。他半天没言语，拿起范蠡的衣裳，说："我全靠你，才有今天。我正想报答你的功劳，你怎么就这么扔下我呢？"大伙儿也都有点难受，文种更觉得闷闷不乐，没精打采地出去了。

过了些日子，忽然有人给文种送来一封信。文种拿过来一看，上头写着："你还记得吴王说的话吧，'飞鸟尽，良弓藏；狡兔死，走狗烹；敌国灭,谋臣亡'。越王这个人能够容忍敌人的欺负，可不能容忍有功的大臣。我们只能够同他共患难，可不能同他享安乐。你现在不走，恐怕将来想走也走不了啦！"文种这才知道范蠡并没死，他原来带着西施隐居起来了。

其实范蠡已经带着财宝珠玉，弃官经商，改名更姓，到了齐国。后来搬到当时人口众多、交通便利、买卖发达的大城市定陶，称为朱公，财富多到万万，就是后来称为陶朱公的大富商。

当时文种回头叫那个送信的人，但那个人早

就跑了。文种就把那封信烧了，心里挂念着老朋友，可不怎么真信他这些话。他认为勾践不过对待敌人刻薄点儿，要说他想杀害有功劳的大臣，这未免太多心了。天下不能有这么没良心的人。

勾践灭了吴国之后，反倒没有一天过着快活的日子。对那些和他一起共过患难的人，因为如今没有什么难可共患了，就慢慢地疏远了。他向来知道文种的才干，可是越是这种有才干的人越是靠不住。万一他变了心，可难对付了，他真有几分怕他。加上文种也有让人起疑的地方，他为什么老病着不上朝呢？

有一天，勾践上文种家里去看望他。他坐在文种的卧榻上，对他说："你有七个好计策，我用了你四个计策，就灭了吴国，你还有三个计策没使出来呢。我灭了吴国，万一吴国的祖宗跟我报仇怎么办？寿梦、僚、阖闾他们都是挺厉害的，你得替我想法儿对付他们才好！"文种听得有点儿糊里糊涂，不知道他葫芦里卖的是什么药。他刚要问是怎么回事，勾践已经站起来走了，把自己的宝剑放在文种的身边。文种拿起来一瞧，这才明白了。他对天叹息着说："走狗不走，只好让主人烹了。我没听范大夫的话，真是该死！"说着，他就自杀了。

机智历史题

以下哪位不是勾践的复仇助手？（   ）

A. 西施

B. 范蠡

C. 夫差

D. 文种

汉字演变

苦

大篆　　　小篆　　　楷书

148

最能吃苦的霸主

勾践　姓名：姒勾践

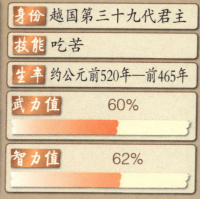

身份 越国第三十九代君主

技能 吃苦

生卒 约公元前520年—前465年

武力值 60%

智力值 62%

　　越国一脉是夏朝大禹的后代，夏时就受封在会稽一带。长期以来，越国比较封闭，与中原互通不多。直到勾践父亲允常即位，才开始称王，向外拓展。此时越王允常与吴王阖闾常有摩擦。允常去世后，二十几岁的勾践承担起了越国霸业。即位之初，勾践就打败了乘人之危的吴王阖闾。阖闾在这一战中被砍掉了脚趾，导致身亡。夫差为父报仇占领了越国，他让勾践在吴国做了三年奴隶。其后，勾践卧薪尝胆二十年，在贤臣帮助下恢复国力，吞灭当时已经称霸的吴国。勾践沿着夫差开拓的北伐道路，用文种的"七策"得到鲁国、宋国、卫国的依附，成了春秋时期最后一位霸主。

机智历史题 **答案** C

对着衣服砍三刀的刺客

豫让

春秋后期，晋国渐渐衰弱了，国家的大权被四个家族掌控着，其中智伯的势力最大。四个家族明争暗斗，最后，赵襄子联合另外两家，灭掉了智伯。虽说智伯死了，但赵襄子老是提心吊胆地怕有人给智伯报仇。

有一天，他上厕所，刚到门口，就感觉眼前有个黑影一晃。他有点儿怀疑，叫手下的人先上厕所里瞧瞧去，果然逮着了一个刺客。赵襄子瞧出他是智伯的家臣豫让，就问他："你干什么来了？"豫让说："我来给智伯报仇！"手下们把豫让捆起来，让赵襄子杀他。赵襄子反倒说："智

150

三家分晋

晋国当霸主那会儿，晋文公设立了三军六卿，国家的军政大权由六卿把持。春秋末期，晋国的君主权力被盘剥，韩、赵、魏、智、范、中行六大家族把持着晋国大权。后来，智、范、中行三家被灭，韩、赵、魏三家瓜分了晋国的土地，他们向周天子请求封侯。自此，晋国不复存在，史称"三家分晋"。

伯的一家子全都被灭了，豫让还想替他主人报仇。就算成了，也立不了功，得不到赏。他真是个义士。把他放了吧！"手下的人只得放了他。

豫让刚要往外走，赵襄子问他："我这回放了你，咱们的仇总算解了吧！"豫让说："您放我是私恩，我报仇是大义！"手下的人又把豫让捆上，对赵襄子说："这小子太没有良心，您要是放了他，赶明儿准出麻烦。"赵襄子说："我已经说过放他，不能说了不算数。"

豫让回到家里，天天想着行刺的法子。他的

媳妇说:"你这是何苦呢?智家已经没有人了,你就是报了仇,谁领你的情呢?你去投奔韩家或魏家不是一样能够得到富贵吗?"豫让听了,赌着气撇下他的媳妇走了。

他听说赵襄子住在晋阳,就打算去那边。可是赵家已经有不少人认识他了,再露面可不好下手。豫让想出个法子:把头发和眉毛都剃了,然后在脸上、身上涂上油漆,身上披一件破破烂烂、邋里邋遢的衣裳。他到了晋阳城里,躺在街上要饭,自以为没有人认得他了。哪儿知道他说话的声音被一个朋友听出来了。那位朋友劝他:"你要报仇,就得想个计策。比方说,你去投靠赵家。他知道你的才干,准能用你。到时候再找机会下手,不就容易了吗?"豫让不赞成这个主意,他说:"我最恨的就是这种人!既然投靠了人家,就该效忠,要是回头又害人家,这是最不忠实的了!我替智伯报仇,就是为了给那些反复无常、心怀二意的人瞧瞧,好让他们觉得害臊!"

　　豫让被朋友听出了声音，知道光是改变外貌还不够，就吞了几块炭，把嗓子弄坏了。打这儿起，这个哑嗓子要饭的天天候着赵襄子。

　　有一回，赵襄子正要去察看新修的一座桥，就瞧见一个尸首在旁边倒着。他想："桥刚修好，哪儿来的尸首呢？别是豫让假装的吧。"他立刻叫

手下的人去看看情况。他们过去一瞧，回报说："是个乞丐。"赵襄子又让人搜搜他身上，没想到果然搜出一把匕首来！抓起这家伙一看，嗬，不是豫让是谁呢？赵襄子骂他说："我已经饶了你，这回又来行刺，可见你是人容天不容啊！把他砍了吧！"豫让哑着嗓子，冲着天哭号，眼泪和血流了一脸。有人问他："你这是怕死吗？"豫让说："我死之后，再没有替智伯报仇的人了，我是为了这个才哭的。"

赵襄子对他说："你早先是范氏的家臣。范氏被智伯灭了，你才投靠了智伯。你当初没为范氏报仇，如今却非要替智伯报仇，这是为什么？"豫让说："君臣之间要看情义而定，不能一概而论。如果君对臣如手足，那么臣对君如心腹；如果君对臣如牛马，那么，臣对君就如过路人。范氏拿我当个普通人看待，我也就拿普通人的态度去对待他；智伯拿我当杰出的人看待，我当然要以杰出者的样子去报答他。"赵襄子见他挺倔强，就拔出宝剑，递给豫让，叫他自杀。豫让拿着宝剑，

154

恳求着赵襄子，说："上回您没处治我，我感激万分。今天我当然不想再活了，可是我两回报仇都没报成，心里的怨恨没处撒去。您是个明亮人，肯定能体会到我的苦楚。我请求您把衣裳脱下来，让我砍三刀，我死了口眼也就闭了。"赵襄子很讨厌豫让，可是他又希望自己的臣下把豫让当个榜样，肯替自己卖命，就脱下外衣叫人递给豫让。

　　豫让拿过衣裳来，一连气砍了三刀，笑着说："我现在可以去见智伯了！"说着就自杀了。

汉字演变

甲骨文　　金文　　小篆　　隶书

历史名片夹

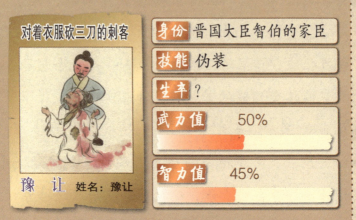

对着衣服砍三刀的刺客

豫 让　　姓名：豫让

身份 晋国大臣智伯的家臣

技能 伪装

生卒 ？

武力值 50%

智力值 45%

　　豫让是晋国人，早先给范氏和中行氏做家臣。这两家对他并不尊重，天气冷了不给衣服，肚子饿了不给吃的，把他当作普通人对待，所以，这两家被灭后，豫让没什么反应。等他做了智伯的家臣，待遇就不同了。出门智伯给他安排马车，进门给他充足的衣食，当众还会以礼相待。豫让感到自己被当作国士一样对待，心里敬服智伯。不久，智伯被赵家联合韩、魏两家灭掉了，赵襄子还把智伯的头骨拿来当酒杯。豫让得知，叹一声说出了千古名句："士为知己者死，女为悦己者容。"誓为智伯复仇。这才有了后来漆身吞炭的故事。

阅读竞技场

在林汉达爷爷的带领下，勇敢的少年们穿越到了遥远的春秋战国时代。可是，飞来的陨石砸坏了时空稳定系统，零件丢失了！小勇士们，快快出发！集齐勋章换取关键零件吧！

记忆迷雾

关键零件的缺失让历史人物们的记忆错乱，忘记了哪一本书是自己创作的。少年们，动起手来，拨开记忆迷雾，把人物与其著作连接起来吧！智者勋章就藏在记忆迷雾下！

A. 孔子   ①《孙子兵法》

B. 庄子   ②《春秋》

C. 晏子   ③《孙膑兵法》

D. 孙·武   ④《庄子》

E. 孙·膑   ⑤《晏子春秋》

孔子之路

　　孔子在鲁国不受重用后，就开始了周游列国之旅。少年们，你们知道孔子的周游路线吗？快去时空裂隙里寻找答案吧！用箭头标出孔子周游路线图，你们将得到耐力勋章。

接龙机关

　　两枚徽章已经集齐，面前的机关大阵已经展开，其中散落着五个故事里曾出现的成语。圈出它们就能打开最后机关，找到备用零件，修复时空稳定系统。少年们，拿出你们的智慧、勇气、耐心，迎接挑战吧！

食	指	大	动	疾	劲	马	路
道	不	施	遗	南	橘	北	枳
周	而	复	演	漆	五	成	孙
一	丘	之	三	身	求	医	问
毛	求	自	荐	吞	良	莠	群
差	参	不	齐	炭	赞	明	大
短	兵	染	指	于	鼎	相	互
程	鹏	无	云	跌	卧	薪	止
肝	胆	照	拂	扬	扬	尝	胆

阅读竞技场参考答案

记忆迷雾

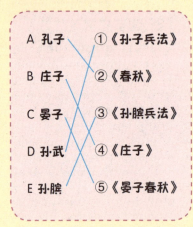

A 孔子　　①《孙子兵法》

B 庄子　　②《春秋》

C 晏子　　③《孙膑兵法》

D 孙武　　④《庄子》

E 孙膑　　⑤《晏子春秋》

孔子之路

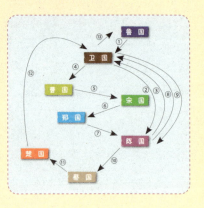

接龙机关